गहन है यह अंधकारा

AF659833

गहन है यह अंधकारा

21वीं सदी : 25 साल : 75 कविताएं

संपादकः संजय कुंदन

वाम प्रकाशन

पहला संस्करण, फ़रवरी 2025

वाम प्रकाशन
2254/2 ए, शादी खामपुर
न्यू रंजीत नगर
नयी दिल्ली – 110008

वाम प्रकाशन और लेफ़्टवर्ड बुक्स नया रास्ता पब्लिशर्स प्रा.लि. की प्रकाशन शाखाएँ हैं।

leftword.com

ISBN 978-93-92017-85-8

कविताएँ © संबंधित कवि, 2025
भूमिका © संजय कुंदन, 2025
यह संकलन © वाम प्रकाशन, 2025

Gahan Hai Yeh Andhkara
21vi Sadi : 25 Saal : 75 Kavitayen
A poetry anthology edited by Sanjay Kundan

अनुक्रम

भूमिका

संजय कुंदन

गहन है यह अंधकारा – गहरी निराशा और अकुलाहट से भरी निराला की इस पंक्ति का संदर्भ भले ही अलग हो, पर आज के एक संवेदनशील नागरिक की भी यही व्यथा है – गहन है यह अंधकारा। 21वीं सदी के 25 वर्षों में हमारे सामाजिक-राजनीतिक जीवन में पसरते जाते अंधेरे को उन सबने ख़ास तौर से महसूस किया है, जिनका लोकतंत्र, भारतीय संविधान और स्वतंत्रता आंदोलन के आदर्शों में थोड़ा बहुत भी विश्वास रहा है। इस अवधि का सबसे बड़ा संकट यह है कि हमारे देश और समाज के बुनियादी चरित्र को गहरा झटका लगा है।

उदारीकरण की जो परियोजना भारत में नब्बे के दशक में शुरू हुई, वह अब अपने चरम पर पहुंचने को है। इसी के तहत सार्वजनिक उपक्रम बेचे गए, सेवाओं का अंधाधुंध निजीकरण किया गया और मेहनतकश वर्ग के अधिकारों में कटौती की गई। इस दौर में बाज़ार विकराल होता गया है। सूचना क्रांति ने सामाजिक जीवन, रहन-सहन और मूल्यों पर गहरा असर डाला है। यह सब सांप्रदायिक-फासीवाद के अनुकूल रहा है। दरअसल भूमंडलीकरण-उदारीकरण के प्रसार के साथ उसके अंतर्विरोध भी उजागर हुए, उसके संकट भी सामने आए। तमाम समस्याओं को दूर करने के उसके दावों की पोल भी खुली। ऐसे में यह ज़रूरी था कि आमजन का ध्यान जीवन के बुनियादी मुद्दों से हटाया जाए, साथ ही उनके किसी भी प्रतिरोध को दबाया जाए। ऐसा करके ही उदारीकरण की परियोजना बेरोकटोक आगे बढ़ सकती थी। इसलिए एक उदारवादी-फासीवादी गठजोड़ बन गया। औद्योगिक घराने और कॉरपोरेट समूहों का परोक्ष या खुला समर्थन सांप्रदायिक-फासीवादी तत्त्वों को मिलने लगा। वित्तीय पूंजी के झंडाबरदारों और कॉरपोरेट पोषित मीडिया ने मिलकर इस तरह का विमर्श चलाना शुरू किया कि एक 'ताक़तवर' (असल में अधिनायकवादी) शासक के नेतृत्व में ही जनता का उद्धार संभव है।

1992 में बाबरी मस्जिद का विध्वंस करने वालों को यह अहसास हो गया कि अपने एजेंडे को लागू करने का वक़्त आ गया है और यह काम लोकतंत्र के दायरे में भी संभव है। उन्होंने गुजरात को प्रयोगशाला बनाया और वहां राष्ट्रवाद, हिंदुत्व और विकास के अपने पैकेज का परीक्षण किया। वे इसे सामाजिक स्वीकृति दिलाने में सफल रहे, जिससे उनका उत्साह आसमान छूने लगा। उदार-धर्मनिरपेक्ष दल इसकी भयावहता को भांप नहीं पाए या अपने तात्कालिक स्वार्थ की वजह से इससे आंखें मूंदे रहे। उनमें से कई पार्टियों ने इन ताक़तों का समर्थन किया। प्रख्यात मार्क्सवादी चिंतक एजाज़ अहमद ने स्पष्ट लिखा है कि भारत में फासीवाद मध्यमार्गी दलों के कंधे पर चढ़कर आया।

गुजरात मॉडल को पेश करके ही भाजपा ने 2014 में केंद्र की सत्ता हासिल की। सत्ता में आते ही नरेंद्र मोदी सरकार ने ऐसे कई क़दम उठाए, जिनसे लोकतंत्र और संवैधानिक मूल्यों को गहरी क्षति पहुंची। अनेक सामाजिक कार्यकर्ताओं, बुद्धिजीवियों, सरकार विरोधी पत्रकारों, छात्र नेताओं को विभिन्न मामलों में फंसाकर जेल भेजा गया। सोशल मीडिया पर सरकार से असहमति व्यक्त करने वाले कितने ही लोगों के ख़िलाफ़ जन भावना आहत करने के नाम पर मामले दर्ज किए गए और जांच एजेंसियों द्वारा उन्हें आतंकित कर उनका मनोबल तोड़ने का प्रयास किया गया। संवैधानिक संस्थाओं का मनमाना इस्तेमाल शुरू हुआ और उनकी प्रासंगिकता ही ख़त्म कर दी गई। संसद को भी निष्प्रभावी बनाने की कोशिशें जारी हैं। इसी दौर में क़रीब डेढ़ सौ सांसदों के निलंबन की कार्रवाई हुई। यहां तक कि न्यायपालिका को भी प्रभावित किया गया। सेवानिवृत्त होते ही किसी जज का राज्यसभा में चले जाना या भाजपा में शामिल हो जाने से यह ज़ाहिर हुआ। हाल में अदालतों के कई ऐसे फ़ैसले आए, जिनसे संदेह बढ़ा।

इस दौर में मीडिया न केवल सत्ता के सुर में सुर मिलाकर बोलने लगा है, बल्कि विपक्ष की, आम जनता के दुख-तक़लीफ़ों और संघर्ष की ख़बरों को दबाने लगा है, जनांदोलनों के विरुद्ध दुष्प्रचार करने लगा है। दरअसल मुख्यधारा का मीडिया लगभग पूरी तरह सरकार समर्थक पूंजीपतियों के नियंत्रण में है। एक पूंजीपति घराने की तो कई मीडिया संस्थानों में सीधी हिस्सेदारी है, वहीं वह अन्य संस्थानों के लिए एक बड़ा विज्ञापनदाता भी है। इसलिए अनेक मीडिया संस्थान उसके हितों के मुताबिक चल रहे हैं।

असहमति की आवाज़ों को चुप करा देने या शोर-शराबे में ग़ायब कर देने का अभियान

चला हुआ है। सरकार ने अपने विरोधियों को निशाना बनाने के लिए आतंकवाद विरोधी कानून, राष्ट्रीय सुरक्षा क़ानून, विदेशी फंडिंग को नियंत्रित करने वाले नियम और आयकर कानून जैसे कई अन्य कानूनी ढांचों का इस्तेमाल किया है। भाजपा में शामिल करने के लिए विपक्षी नेताओं की विभिन्न तरीक़ों से घेरेबंदी की गई। उन्हें जेलों में डाला गया। लेकिन भाजपा में शामिल होने या भाजपा सरकार को समर्थन देते ही उन्हें 'क्लीन चिट' भी मिल गई।

इन सबका मक़सद सत्ता पर अपनी पकड़ को मज़बूत बनाना भर नहीं है, इसका उद्देश्य राष्ट्रीय स्वयंसेवक संघ के लक्ष्य के अनुरूप सामाजिक संरचना और भारतीय राष्ट्र के विचार को बदलना है। यानी एक अधिनायकवादी शासन कायम करना और उसके माध्यम से बहुसंख्यकवादी समाज और राष्ट्र बनाना। संघ और उसके आनुषंगिक संगठनों द्वारा प्रचारित हिंदुत्व के केंद्र में दो चीज़ें हैं- पहला मुस्लिम विरोध और दूसरा वर्णवाद। देश भर में सुनियोजित तरीक़े से इस्लामोफोबिया पैदा किया गया। मुसलमानों की मॉब लिंचिग की घटनाएं हुईं, लव जिहाद का हौवा खड़ा किया गया, उनकी आर्थिक नाकेबंदी का आह्वान किया गया। फिर मीडिया और सोशल मीडिया में फ़र्ज़ी ख़बरों और अफ़वाहों के जरिए उनके ख़िलाफ़ दुष्प्रचार अभियान चलाया गया। जिस बुलडोजर न्याय का ख़ूब महिमामंडन किया गया, वह मुख्य रूप से अल्पसंख्यकों में ही भय पैदा करने के लिए था। उन्हें इतिहास से भी बाहर कर देने की क़वायद चल रही है। वाम प्रकाशन द्वारा प्रकाशित अपनी किताब *हमारा इतिहास, उनका इतिहास, किसका इतिहास?*(मूल रूप से अंग्रेजी में प्रकाशित पुस्तक का हिंदी अनुवाद) में प्रसिद्ध इतिहासकार रोमिला थापर ने विस्तार से बताया है कि सरकार ने किस तरह कोविड की आड़ में एनसीईआरटी की पाठ्यपुस्तकों से मध्यकालीन इतिहास के अध्यायों को हटा दिया और दलील दी कि ऐसा विद्यार्थियों का बोझ हल्का करने के लिए किया गया है।

दूसरी तरफ़ हिंदू धर्म के संकीर्ण और ब्राह्मणवादी स्वरूप को स्थापित करने पर ज़ोर दिया गया है। दलितों-आदिवासियों पर हमले बढ़ गए हैं। मनु स्मृति का गुणगान बढ़ा है। संघ के इस अभियान ने हिंदू अवचेतन पर गहरा असर डाला है और उसे आमूल रूप में बदला है। धर्म और राष्ट्र में घालमेल किया गया है, धार्मिक और राष्ट्रीय प्रतीकों में फ़र्क़ मिटा दिया गया है। कांवड़ यात्राओं में कावड़ियों का तिरंगा लेकर चलना इसका एक उदाहरण है।

हिंदू और मुसलमान में पहले अलगाव का भाव पैदा किया गया, अब शत्रुता स्थापित की

जा रही है। हिंदुओं को यह समझाया जा रहा है कि उन्हें अपने पूर्वजों की ग़ुलामी का बदला लेना है और उसका वक़्त आ गया है। हिंदू पर्व-त्योहारों के अवसरों पर धार्मिक जुलूसों में मुसलमानों को गाली-गलौज करते हुए गाने बजाना और उनके ख़िलाफ़ अपमानजनक और हिंसक नारे लगाना आम होता जा रहा है। मुसलमानों को अपमानित-प्रताड़ित करना हिंदू धार्मिकता का एक अंग बन गया है।

आए दिन भाजपा नेता मुस्लिमों के ख़िलाफ़ आक्रामक भाषण देते रहते हैं। चुनावों में इस तरह के बयान दिए गए कि हिंदुओं के जेवर, उनका आरक्षण, उनकी नौकरी सब मुसलमानों को दे दी जाएगी। उनकी ज़मीन पर मुसलमान क़ब्ज़ा कर लेंगे, उनकी औरतों पर मुसलमानों की निगाह है। आए दिन कुछ राजनीतिक या धार्मिक नेता धर्मनिरपेक्षता पर सवाल उठाकर या देश को हिंदू राष्ट्र बनाने की बात करके संविधान का मखौल उड़ाते हैं। इन सबने भारतीय समाज का चरित्र बदल दिया है। हिंसा को स्वीकृति मिलती जा रही है। एक सहिष्णु और शांतिप्रिय समाज की हमारी छवि ध्वस्त हो रही है। अब अल्पसंख्यकों या कमज़ोर वर्ग के साथ हिंसा और अत्याचार के मामले किसी को उद्वेलित नहीं करते। अपराधियों को धर्मरक्षक के रूप में महिमामंडित किया जा रहा है।

आज के सत्ताधारी अकसर आपातकाल की याद दिलाते हैं और बताना चाहते हैं कि वे तो लोकतंत्र के सिद्धांत पर चल रहे हैं। भारत में 19 महीनों के आपातकाल और 2014 से बाद के हालात में काफ़ी फ़र्क़ है। आपातकाल में तानाशाही थी, लेकिन वह भारत के हर तबक़े के लिए एक जैसी थी। 2014 के बाद एक अघोषित तानाशाही है, जिसका असर भारत के मुसलमानों पर जिस तरह का है, वैसा हिंदुओं पर नहीं। फिर 1975 से 77 के भारत में भले ही तानाशाही थी, लेकिन उसका स्वरूप अधिनायकवादी नहीं था, जबकि 2014 के बाद का राज्य अधिनायकवादी है। आज जनतंत्र के आवरण में जो कुछ हो रहा है, वह केवल सत्ता के लिए नहीं है, वह नागरिकों के जीवन के हर पहलू पर राज्य के नियंत्रण के लिए है। राज्य यह तय कर रहा है कि आपको क्या खाना है, क्या पहनना है, क्या पढ़ना-लिखना है, किस देवता की उपासना करनी है, आप किससे प्यार कर सकते हैं, किससे शादी कर सकते हैं। यह तानाशाही से भी आगे की अवस्था है। आज की केंद्रीय सत्ता देश की पहचान को ही बदल देने पर आमादा है। वह शहरों, सड़कों, गलियों के नाम बदल रही है। वह हमसे हमारी स्मृति छीनना चाहती है। वह भारत की ही परिभाषा बदलना चाहती है।

उसके निशाने पर वह बहुरंगी भारत है, जिसमें विविध भाषा, संस्कृति और धर्म के लोग सदियों से मिलकर रहते आए हैं। वह इसकी जगह ऐसा एकरंगी भारत बनाना चाहती है, जिसमें एक दल, एक शासन, एक धर्म, एक संस्कृति, एक भाषा हो। तो आज उस बहुरंगी भारत के ख़त्म होने का ख़तरा पैदा हो गया है।

इन स्थितियों को आज हिंदी कविता में विस्तार से दर्ज किया जा रहा है। किसी भी श्रेष्ठ कविता का एक सरोकार अपने समय के दुख-दर्द और कश्मकश का दस्तावेज़ीकरण भी रहा है और यह काम आज विभिन्न पीढ़ियों के कई कवि साहस के साथ कर रहे हैं। इस सदी की एकदम शुरुआती कविताओं में है- मंगलेश डबराल की *गुजरात के मृतक का बयान।* यह 2002 के गुजरात दंगे के बाद लिखी गई है। यह एक चेतावनी थी और उस ख़तरे का संकेत भी, जो आज हमारे सामने है। हम एक तरह से उस दंगे से समाज को पहुंचे आघातों और सदमे के साथ ही नयी सदी में आगे बढ़े। उसमें व्यक्त यथार्थ आज कहीं ज़्यादा ख़ौफ़नाक रूप ले चुका है।

हिंदी कविता आज के भयावह समय की तस्वीर खींच रही है, जिसमें हिंसा को स्वीकृति मिल चुकी है। यह बताती है कि हिंसा इतनी आसान हो गई है, जितना हिंसा का ख़्याल। बेख़्याली में भी लोगों को मारा जा सकता है। हत्यारों को अब धर्म रक्षा का भार दे दिया गया है, इसलिए वे सम्मानित हैं। उन्होंने हत्या को एक पर्व में बदल दिया है। ऐसा पहली बार हो रहा है कि बलात्कारियों के पक्ष में आवाज़ें उठ रही हैं, उन्हें सच्चरित्रता का प्रमाणपत्र दिया जा रहा है। दूसरी तरफ़ जो सच और तर्क के साथ खड़े होना चाहते हैं, जो मानवीयता की बात करते हैं, वे अकेले पड़ते जा रहे हैं। इसलिए एक वरिष्ठ कवि को लगता है कि अब निरपराध होना ही सबसे बड़ा अपराध है, जो अपराधी नहीं होंगे, वे मार दिए जाएंगे। आज कविता दो-टूक बात कर रही है और अपनी अभिव्यक्ति में मुखर भी है। वह खुलकर फासिस्ट को फासिस्ट कहती है। वह अल्पसंख्यकों के अलग-थलग और अकेले पड़ते जाने की पीड़ा को रेखांकित कर रही है, लेकिन इसी के साथ वह उनके संघर्ष और प्रतिरोधी चेतना को भी व्यक्त कर रही है। शाहीनबाग के आंदोलन पर लिखी कविताएं इसका उदाहरण हैं।

यह कविता बता रही है कि किस तरह फासीवादी राजनीति चालाकी से अल्पसंख्यकों को ही जनता की सारी समस्याओं के लिए जवाबदेह ठहरा देती है और लोग भी अपने हक़ों के लिए लड़ने की बजाय उन्हीं को निशाना बना रहे हैं। विडंबना यह है कि फासिस्ट शासक

अपने किसी भी कृत्य को ग़लत नहीं मानता, उस पर शर्मिंदा होना तो दूर वह उन्हें जायज़ ठहराता है, यह कहकर कि उसे इन सबके लिए बहुसंख्य जनता का समर्थन हासिल है। वह अपने समर्थकों की दैत्याकार संख्या से उन्हें डराना चाहता है, जो उस पर सवाल उठाते हैं। कई कवियों ने अपने ही बीच के उन बौद्धिकों और लेखकों की भी कड़ी आलोचना की है, जिन्होंने फासिस्ट शासन की कारगुजारियों पर एक रणनीतिक चुप्पी अख़्तियार कर ली है या किसी न किसी रूप में उस सत्ता के पक्ष में खड़े हो गए हैं। यह वह दौर है, जब आदिवासियों के जंगल और ज़मीन को पूंजीपतियों और बहुराष्ट्रीय कंपनियों को सौंपने का सिलसिला तेज़ हुआ। इसका विरोध करने वाले आदिवासियों पर दमन भी बढ़ा है। आज की कविता में आदिवासियों के संघर्ष को प्रमुखता से जगह मिली है। यह कविता भयावह समय को व्यक्त ज़रूर करती है पर उसमें हताशा नहीं है। वह जनता के विवेक और संघर्ष करने की उसकी क्षमता पर भरोसा रखती है। वह मानती है कि अंधेरा जरूर बढ़ गया है लेकिन कुछ लोग हैं, जो अंधेरे में भी अंधेरे के गीत गा रहे हैं और यही अंधेरे के लिए सबसे बड़ा ख़तरा है। मनुष्य देह भले ही लाचार हो लेकिन वह ताक़त के सामने अकेली निष्कवच खड़ी हो सकती है।

यह कविता सीधे-सीधे बात करती है, अमूर्तन की धुंध नहीं फैलाती। यह प्रतीकों-बिंबों के फेर में ज़्यादा नहीं पड़ती। इसका अभिधा की शक्ति पर भरोसा है। यह जिरह करती है, यह प्रतिरोध खड़ा करती है। निस्संदेह यह राजनीतिक कविता है, जिसकी स्पष्ट पक्षधरता है और यह हिंदी की प्रगतिशील-जनवादी काव्य परंपरा का विस्तार है। इस कविता का केंद्रीय तत्त्व एक है, सरोकार एक है, लेकिन इसकी भाषा के कई शेड्स हैं। कई कवियों ने फासीवाद के विद्रूप को उजागर किया है और इसके लिए व्यंग्य और वक्रोक्ति का सहारा लिया है। कुछ ने फासीवादी तंत्र की कार्रवाइयों को रूपक के ज़रिए पेश किया है। कुछ ने सौहार्दपूर्ण जीवन की तस्वीरें प्रस्तुत करके यह बताने की कोशिश की है कि जनता किस तरह नफ़रतियों की साज़िश को नकार रही है। कई कविताएं पितृसत्ता के नए सिरे से आक्रामक होने के इस दौर में एक स्त्री की मनोदशा को चित्रित करती है।

इस कविता की एक छोटी-सी झलक इस संकलन में आपको मिलेगी। इसमें बीस कवियों की 75 कविताएँ हैं, जो पिछले क़रीब 25 वर्षों के दौरान लिखी गई हैं। संभव है, कैलेंडर के लिहाज से कुछ कविताएं थोड़ा पहले की हों, लेकिन उनमें मौजूदा सदी के संकटों की आहट और साथ ही प्रतिरोध की चेतना मिलती है। दिलचस्प यह है कि इस संकलन में

चार पीढ़ियों के कवि शामिल हैं। ज़ाहिर है, इस तरह लिखने वालों में और भी कई कवि हैं। निश्चय ही कुछ अच्छे नाम छूट गए हैं। लेकिन एक संकलन की अपनी सीमा होती है। यह संकलन हमारी और पुस्तकों की तरह किताब ख़रीदकर पढ़ने वाले पाठकों के लिए है और हमारी प्राथमिकता में युवा और छात्र सबसे ऊपर हैं। हमारे लिए इसका आकार इतना ही रखना ज़रूरी था कि इसका मूल्य इन पाठकों के अनुकूल हो। इसमें बहुत-सी कविताएं ऐसी हैं, जो पत्र-पत्रिकाओं में या सोशल मीडिया में प्रकाशित होकर चर्चित हो चुकी हैं। हमने उन्हें एक जगह संगृहीत करने की आवश्यकता इसलिए महसूस की ताकि हिंदी कविता के प्रतिरोधी स्वर की एक मुकम्मल तस्वीर सामने आ सके। उम्मीद है, यह संकलन वर्तमान समय की चुनौतियों को समझने में सहायक होगा।

मंगलेश डबराल

गुजरात के मृतक का बयान

पहले भी शायद मैं थोड़ा-थोड़ा मरता था
बचपन से ही धीरे-धीरे जीता और मरता था
जीवित रहने की अंतहीन खोज ही था जीवन
जब मुझे जलाकर पूरा मार दिया गया
तब तक मुझे आग के ऐसे इस्तेमाल के बारे में पता नहीं था
मैं रँगता था कपड़े ताने-बाने रेशे
टूटी-फूटी चीज़ों की मरम्मत करता था
गढ़ता था लकड़ी के हिंडोले और गरबा के रंगीन डांडिए
अल्युमिनियम के तारों से बच्चों के लिए छोटी-छोटी साइकिलें बनाता
इसके बदले में मुझे मिल जाती थी एक जोड़ी चप्पल एक तहमद
अपनी ग़रीबी में दिन भर उसे पहनता रात को ओढ़ लेता
आधा अपनी औरत को देता हुआ

मेरी औरत मुझसे पहले ही जला दी गई
वह मुझे बचाने के लिए मेरे आगे खड़ी हो गई थी
और मेरे बच्चों को मारा जाना तो पता ही नहीं चला
वे इतने छोटे थे उनकी कोई चीख़ भी सुनाई नहीं दी
मेरे हाथों में जो हुनर था पता नहीं उसका क्या हुआ
मेरे हाथों का ही पता नहीं क्या हुआ
वे अब सिर्फ़ जले हुए ढाँचे हैं एक जली हुई देह पर चिपके हुए

उनमें जो हरकत थी वही थी उनकी कला
और मुझे इस तरह मारा गया
जैसे एक साथ बहुत से दूसरे लोग मारे जा रहे हों
मेरे जीवित होने का कोई बड़ा मक़सद नहीं था
लेकिन मुझे इस तरह मारा गया
जैसे मुझे मारना कोई बड़ा मक़सद हो

और जब मुझसे पूछा गया तुम कौन हो
क्या छिपाए हो अपने भीतर एक दुश्मन का नाम
कोई मज़हब कोई तावीज़
मैं कुछ कह नहीं पाया मेरे भीतर कुछ नहीं था
सिर्फ़ एक रंगरेज़ एक मिस्त्री एक कारीगर एक कलाकार
जब मैं अपने भीतर मरम्मत कर रहा था किसी टूटी हुई चीज़ की
जब मेरे भीतर दौड़ रहे थे
अल्युमिनियम के तारों की साइकिल के नन्हे पहिए
तभी मुझ पर गिरी एक आग बरसे पत्थर
और जब मैंने आख़िरी इबादत में अपने हाथ फैलाए
तब तक मुझे पता नहीं था बंदगी का कोई जवाब नहीं आता
अब जब कि मैं मारा जा चुका हूँ मिल चुका हूँ
मृतकों की उस मनुष्यता में
जो जीवित मनुष्यों से भी ज़्यादा सच्ची ज़्यादा स्पंदित है
तुम्हारी जीवित बर्बर दुनिया में न लौटने के लिए
मुझे और मत मारो और मत जलाओ न कहने के लिए

अब जबकि मैं महज़ एक मनुष्याकार हूँ एक मिटा हुआ चेहरा
एक मरा हुआ नाम
तुम जो कुछ हैरत और कुछ ख़ौफ़ से मेरी ओर देखते हो

क्या पहचानने की कोशिश करते हो
क्या तुम मुझमें अपने किसी स्वजन को खोजते हो
किसी मित्र-परिचित को या ख़ुद अपने को
अपने चेहरे में लौटते देखते हो किसी चेहरे को।

तानाशाह

तानाशाहों को अपने पूर्वजों के जीवन का अध्ययन नहीं करना पड़ता। वे उनकी पुरानी तस्वीरों को जेब में नहीं रखते या उनके दिल का एक्स-रे नहीं देखते। यह स्वत:स्फूर्त तरीक़े से होता है कि हवा में बंदूक़ की तरह उठे उनके हाथ या बँधी हुई मुट्ठी के साथ पिस्तौल की नोक की तरह उठी हुई अँगुली से कुछ पुराने तानाशाहों की याद आ जाती है या एक काली गुफा जैसा खुला हुआ उनका मुँह इतिहास में किसी ऐसे ही खुले हुए मुँह की नक़ल बन जाता है। वे अपनी आँखों में काफ़ी कोमलता और मासूमियत लाने की कोशिश करते हैं लेकिन क्रूरता एक झिल्ली को भेदती हुई बाहर आती है और इतिहास की सबसे क्रूर आँखों में तब्दील हो जाती है। तानाशाह मुस्कराते हैं भाषण देते हैं और भरोसा दिलाने की कोशिश करते हैं कि वे मनुष्य हैं, लेकिन इस कोशिश में उनकी भंगिमाएँ जिन प्राणियों से मिलती-जुलती हैं वे मनुष्य नहीं होते। तानाशाह सुंदर दिखने की कोशिश करते हैं, आकर्षक कपड़े पहनते हैं, बार-बार सज-धज बदलते हैं, लेकिन यह सब अंतत: तानाशाहों का मेकअप बनकर रह जाता है। इतिहास में कई बार तानाशाहों का अंत हो चुका है, लेकिन इससे उन पर कोई फ़र्क़ नहीं पड़ता क्योंकि उन्हें लगता है वे पहली बार हुए हैं।

आसान शिकार

(पोलिश कवि विस्वावा शिम्बोर्स्का की कविता *यातनाएँ* और हिंदी कवि रघुवीर सहाय की कविता *स्त्री* की अनुगूँजों के प्रति आभार के साथ)

मनुष्य की मेरी देह ताक़त के लिए एक आसान शिकार है
ताक़त के सामने वह अशक्त और लाचार है
कमज़ोर और नाज़ुक हैं उसके बाल और नाख़ून
जो शरीर के दरवाज़े पर दिखाई दे जाते हैं
इतनी पतली है उसकी त्वचा कि आसानी से नोची जा सकती है
और सबसे अधिक ज़द में आया हुआ है छोटा-सा हृदय
जो इतना आहिस्ता धड़कता है
कि उसकी आवाज़ शरीर से बाहर नहीं सुनाई देती
जब वह आईने में ख़ुद को देखती है
तो कोई भी देख सकता है कि वह सुंदर और डरी हुई है

मनुष्य की मेरी देह अत्याचारियों के लिए आकर्षण का विषय है
वे जानते हैं उसके बहुत सारे इस्तेमाल
उसे प्रयोगशालाओं में ले जाया जा सकता है
देखा जा सकता है वह कितनी तकलीफ़ बर्दाश्त करेगी
कितनी देर बर्फ़ की सिल्लियों और बिजली के झटकों को सहेगी
यहाँ तक कि उसकी चर्बी से साबुन बनाने के बारे में भी सोचा गया
दखाऊ ऑश्विच माइ लाइ गुलाग गुआंतेनामो अबू गरेब
नेल्ली गुलबर्गा नरोदा पाटिया
उस पर बहुत-से निशान मौजूद हैं
लंबे अनुभवों से भरी हुई वह भाँप लेती है
कि उस पर आने वाले अत्याचार किस तरह के होंगे

मिट्टी हवा पानी ज़रा-सी आग और थोड़े आकाश से बनी है मेरी देह
उसे मिट्टी हवा पानी और आग में मिलाना है आसान
उसकी आत्मा पानी की बूँदों सरीखी है
जिन्हें पोंछ डालना आसान है
पूरी तरह भंगुर है उसका वजूद
जिसे मिटाने के लिए किसी हरबे-हथियार की ज़रूरत नहीं पड़ती
किसी ताक़तवर की एक फूँक उसे उड़ाने के लिए काफ़ी होगी
वह उड़ जाएगी सूखे हुए पत्ते या नुचे हुए पंख की तरह
उसे फिर से बनाना भी असंभव है
सभी आतताई जानते हैं उसका यह अनोखापन

मनुष्य की मेरी देह किसी तहख़ाने में छिपी नहीं रहती
वह हमेशा दिखती रहती है
आस-पास मामूली कामों में लगी रहती है
सड़क पार करती है कुछ दूर पैदल चलती है
थक कर बैठ जाती है और उठ खड़ी होती है
प्रेम करती है और फूल की तरह खिल उठती है
दुनिया के तानाशाहों को उसे कहीं खोजने की ज़रूरत नहीं पड़ती
दुनिया में अद्वितीय यह मनुष्य देह थोड़ा साहस जुटाती है
और ताक़त के सामने अकेली निष्कवच खड़ी हो जाती है।

नया डर

(कन्नड़ वचन साहित्य के विद्वान एम. एम. कलबुर्गी, तर्कविद् नरेंद्र दाभोलकर और लेखक-एक्टिविस्ट गोविंद पानसरे की स्मृति में, जिन्हें अपने अलग विचारों के कारण मार दिया गया।)

पुराने समय में डर एक जानी-पहचानी चीज़ था
वह अक्सर किसी महल से राजसी पोशाक में निकलता था
उसके टहलने पर चारों तरफ़ सन्नाटा छा जाता
चिड़ियाँ भी सहम कर चुप हो जातीं
कभी वह चौराहों-बस्तियों में डुगडुगी बजाता प्रकट होता
कहता हुआ सावधान हो जाएँ सब
राजा उसके कारिंदों और ब्राह्मण के ख़िलाफ़ बोलना अपराध है
काल-कोठरियाँ और मृत्युदंड के लिए रस्सियाँ तैयार हैं
डराने के तरीक़े गिने-चुने थे सज़ाएँ भी कमोबेश नियत थीं
अवज्ञा विद्रोह विश्वासघात
राजन कहकर संबोधित न करने पर बड़ी-छोटी सज़ा
धर्मग्रंथों को पढ़ने–सुनने पर कानों में पिघला हुआ सीसा
और ढीठ प्रेमियों को चिनवाने के लिए दीवारें

ऐसा भी हुआ कि कोई कवि राजा की बेटी को पढ़ाने गया
और उसके प्रेम में पड़ गया
लेकिन जब उसे सज़ा देने के लिए ले जाया गया
तो वह सुनाने लगा विरह की एक सुंदर कविता
राजा सज़ा-वजा सब भूल गया
उसने कवि को बेटी ब्याह दी स्वर्ण-मुहरों के साथ

इस तरह फिरे कवि के दिन[1]
एक बार पकड़ा गया था एक शातिर चोर
उसने भी राजा को एक श्लोक सुनाकर मुग्ध कर दिया
ये घटनाएँ अपवाद की तरह थीं लेकिन
कई काव्य इन गुप्त प्रेमियों और चोरों की प्रतिभा से संभव हुए
नया डर किसी महल से नहीं
कहीं से भी प्रकट हो सकता है
वह अनिश्चित अपरिभाषित है पहले के डरों से अलग
उसके तरीक़े भी बढ़े और बदले हुए हैं
उसका समय और जगह तय नहीं है
वह रास्ते में किसी मोड़ पर किसी सभा में मिल सकता है
सुबह सैर पर निकलते हुए हत्यारे की गोली के रूप में
खाना खाते हुए हाथ के कौर और मुँह के बीच घुस सकता है
अकाल के बीच कुसुम की तरह खिला हुआ[2]
वह ताक़तवर मुस्कराहटों ख़ामोशियों
और प्रेम जैसी चीज़ों में भी छिपा हुआ रहता है

डराने का काम भी बाँट दिया गया है समाज में
भय का एक लोकतंत्र है
और डर उपजाना एक नया रोज़गार
कुछ बोलने-लिखने कुछ खाने-पीने-पहनने से पहले
लगता है कुछ है जो हमें घूर रहा है
सज़ाएँ भी उतनी ही अनिश्चित हैं
जो डराता है उसकी कामयाबी इस डर को बुनियादी बनाने में है
कि कब कहाँ कौन-सा डर सामने आ जाएगा

1 *बिल्हण कृत 'चौरपंचाशिका' से राजकुमारी विद्या और सुंदर कवि का संदर्भ।*
2 *तुलसीदास की चौपाई 'भयदायक खल की प्रिय बानी/ जिमि अकाल के कुसुम भवानी' का संदर्भ।*

कब कहाँ कौन क्या सज़ा सुनाएगा
और सज़ा देने वाले का सुराग़ नहीं मिल पाएगा।

राजेश जोशी

मारे जाएंगे

मारे जाएंगे
जो इस पागलपन में शामिल नहीं होंगे, मारे जाएँगे

कठघरे में खड़े कर दिये जाएँगे
जो विरोध में बोलेंगे
जो सच-सच बोलेंगे, मारे जाएँगे

बर्दाश्त नहीं किया जाएगा कि किसी की कमीज हो
उनकी कमीज से ज्यादा सफ़ेद
कमीज पर जिनके दाग नहीं होंगे, मारे जाएँगे

धकेल दिये जाएंगे कला की दुनिया से बाहर
जो चारण नहीं होंगे
जो गुण नहीं गाएंगे, मारे जाएँगे

धर्म की ध्वजा उठाने जो नहीं जाएँगे जुलूस में
गोलियां भून डालेंगी उन्हें, काफिर करार दिये जाएँगे

सबसे बड़ा अपराध है इस समय निहत्थे और निरपराधी होना
जो अपराधी नहीं होंगे, मारे जाएँगे

बुलडोजर

तुमने कभी कोई बुलडोजर देखा है
वो बिल्कुल एक सनकी शासक के दिमाग़ की तरह होता है
आगा पीछा कुछ नहीं सोचता,
उसे बस एक हुक्म की ज़रूरत होती है
और वह तोड़-फोड़ शुरू कर देता है

सनकी शासक कल्पना में कुचलता है
जैसे विरोध में उठ रही आवाज़ को
बुलडोजर भी साबुत नहीं छोड़ता किसी भी चीज़ को
सनकी शासक बताना भूल जाता है
कि बुलडोजर को क्या तोड़ना है
और कब रुक जाना है

सनकी शासक ख़्वाबों की दुनिया से जब बाहर आता है
मुल्क मलबे का ढेर बन चुका होता है
सनकी शासक मलबे के ढेर पर खड़े होने की कोशिश करता है
पर उसकी रीढ़ टूट चुकी है
वह ज़ोर-ज़ोर से हँसना चाहता है
पर बुलडोजर ने तोड़ डाले है उसके भी सारे दाँत
बुलडोजर किसी को नहीं पहचानता है

बुलडोजर सब कुछ तोड़कर
बगल में खड़ा है
अगले आदेश के लिए !

ज़िद

निराशा मुझे माफ़ करो आज मैं नहीं निकाल पाऊँगा तुम्हारे लिए समय
आज मुझे एक ज़रूरी मीटिंग में जाना है

मुझे मालूम है तुम भी वही सब कहोगी
जो दूसरे भी अक्सर ही कहते रहते हैं उन लोगों के बारे में
कि गिनती के उन थोड़े से लोगों की बिसात ही क्या है
कि समाज में कौन सुनता है उनकी बात?
कि उनके कुछ करने से क्या बदल जाएगा इस दुनिया में?
हालाँकि कई बार उन्हें भी निरर्थक लगतीं हैं अपनी सारी कोशिशें
फिर भी एक ज़िद है कि लगे ही रहते हैं वे अपने काम में
कहीं घटी हो कोई घटना
दुनिया के किसी भी कोने में हुआ हो कोई अन्याय
कोई अत्याचार कोई दंगा या कोई दुर्घटना
वे हरकत में आ जाते हैं तत्काल
सूचित करने निकल पड़ते हैं सभी जान-पहचान के लोगों को
और अक्सर मुफ़्त या सस्ते में उपलब्ध किसी साधारण-सी जगह पर
किसी दोस्त के घर में या किसी सार्वजनिक-उद्यान में
आहूत करते हैं वे एक मीटिंग
घंटों पूरी घटना पर गंभीरता से बहस करते हैं
उसके विरुद्ध या पक्ष में पारित करते हैं एक प्रस्ताव

अपनी मीटिंग की वे ख़ुद ही तत्काल ख़बर बनाते हैं
ख़ुद ही उसे अख़बारों में लगाने जाते हैं
प्रतिरोध की इस बहुत छोटी-सी कार्यवाही की ख़बर
कभी-कभी कुछ अख़बार सिंगल कॉलम में छाप देते हैं
अक्सर तो बिना छपी ही रह जाती हैं उनकी ख़बरें

कई बार उदासी उन्हें भी घेर लेती हैं
उन्हें भी लगता है कि उनकी कोई आवाज़ नहीं इस समाज में

निराशा!
मैंने कई-कई बार तुम्हें उनके इर्द-गिर्द मंडराते
और फिर हाथ मलते हुए लौटते देखा है
मैंने देखा है तुम्हारे झाँसे में ज़्यादा देर तक नहीं रहते
वे लोग
कभी-कभी किसी बड़े मुद्दे पर वे रैलियाँ निकालते हैं

अँधेरे के बारे में कुछ वाक्य

अँधेरे में सबसे बड़ी दिक़्क़त यह थी कि वह क़िताब पढ़ना
नामुमकिन बना देता था

पता नहीं शरारतन ऐसा करता था या क़िताब से डरता था
उसके मन में शायद संशय होगा कि क़िताब के भीतर
कोई रोशनी कहीं न कहीं छिपी हो सकती है
हालाँकि सारी क़िताबों के बारे में ऐसा सोचना
एक क़िस्म का बेहूदा सरलीकरण था
ऐसी क़िताबों की संख्या भी दुनिया में कम नहीं,
जो अँधेरा पैदा करती थीं
और उसे रोशनी कहती थीं

रोशनी के पास कई विकल्प थे
ज़रूरत पड़ने पर जिनका कोई भी इस्तेमाल कर सकता था
ज़रूरत के हिसाब से कभी भी उसको
कम या ज़्यादा किया जा सकता था
ज़रूरत के मुताबिक परदों को खींचकर
या एक छोटा सा बटन दबाकर
उसे अँधेरे में भी बदला जा सकता था
एक रोशनी कभी-कभी बहुत दूर से चली आती थी हमारे पास
एक रोशनी कहीं भीतर से, कहीं बहुत भीतर से
आती थी और दिमाग़ को एकाएक रौशन कर जाती थी

एक शायर दोस्त रोशनी पर भी शक करता था
कहता था, उसे रेशा-रेशा उधेड़कर देखो
रोशनी किस जगह से काली है

अधिक रोशनी का भी चकाचौंध करता अँधेरा था

अँधेरे से सिर्फ़ अँधेरा पैदा होता है यह सोचना ग़लत था
लेकिन अँधेरे के अनेक चेहरे थे
पावर हाउस की किसी ग्रिड के अचानक बिगड़ जाने पर
कई दिनों तक अन्धकार में डूबा रहा
देश का एक बड़ा हिस्सा
लेकिन इससे भी बड़ा अँधेरा था
जो सत्ता की राजनीतिक ज़िद से पैदा होता था
या किसी विश्वशक्ति के आगे घुटने टेक देनेवाले
ग़ुलाम दिमाग़ों से!

एक बौद्धिक अन्धकार मौक़ा लगते ही सारे देश को
हिंसक उन्माद में झोंक देता था

अँधेरे से जब बहुत सारे लोग डर जाते थे
और उसे अपनी नियति मान लेते थे
कुछ ज़िद्दी लोग हमेशा बच रहते थे समाज में
जो कहते थे कि अँधेरे समय में अँधेरे के बारे में गाना ही
रोशनी के बारे में गाना है

वे अँधेरे समय में अँधेरे के गीत गाते थे

अँधेरे के लिए यही सबसे बड़ा ख़तरा था।

विष्णु नागर

शाहीनबागः दो कविताएं

एक

हर बाग शाहीनबाग हो सकता है
जो फूल ठंड में खिले थे
गर्मी और बरसात में भी खिल सकते हैं

उन फूलों के अलावा
जो गर्मी और बरसात में खिलते हैं।

दो

वह दिन भी आएगा
जब बेटियाँ कहेंगी हमारी माँ ने भी
मुल्क को बदला था

माँएँ कहेंगी
हाँ हमारी माँओं ने हमारा साथ दिया था

सासें कहेंगी हाँ हमारी बहुओं ने भी
मुल्क को बदला था
इसे अपने घर-परिवार का
पड़ोस का काम समझ कर किया था

यह काम उन्होंने जाड़ों में
यह सोचकर नहीं उठाया था
कि अगले जाड़ों तक यह खत्म हो जाएगा

हाँ यह गुनाह था
यह गुनाह उन्होंने किया था
सजा मिलेगी यह सोचकर किया था।

अख़लाक़

अख़लाक़ ही ज़िम्मेदार है
अपनी हत्या के लिए
उसे मालूम होना चाहिए था कि
यह 2015 का भारत है
और वह एक मुसलमान है

उसे पता होना चाहिए था
कि दादरी और मुजफ्फरनगर में
दूरी ज्यादा नहीं है
उसे पता होना चाहिए था
कि उसे कुछ हो-हवा गया
तो एक गवाह भी मुश्किल से मिलेगा

ताज्जुब है
उसे इतनी मामूली बात मालूम नहीं थी
उसे पता होना चाहिए था
कि उसके घर के फ्रिज में रखा माँस
कभी भी गौमांस घोषित हो सकता है
उसका बेटा कभी भी 'लव जिहादी' बताया जा सकता है

उसे ज्ञात होना चाहिए था
कि किसी मुसलमान के बेटे का
एयरफोर्स में भर्ती होना
उसके देशप्रेम का प्रमाण नहीं

उसे मालूम होना चाहिए था

कि उसे मुसलमानों के अलावा
किसी और से झगड़ा मोल लेने का हक नहीं

उसे पता होना चाहिए था
कि उसके भाई, उसके बेटे की साइकिल कभी भी
किसी हिंदू से टकरा सकती है
जो गोहत्या से भी बड़ा गुनाह है

उसने कैसे सोच लिया कि
जो सत्तर साल में नहीं हुआ
वह अब भी नहीं होगा
उसे वंदे मातरम गाते हुए
मारे जाने के लिए रेडी रहना चाहिए था
इतना अज्ञानी था वह
पिर भी देखो
उसे किसी ने मारा नहीं
उसका 'एक्सीडेंट' हो गया
और एक्सीडेंट तो खैर हिंदुओं के
देश में हिंदुओं के भी हो जाते हैं

उसे खुदा पर इतना यकीन होना चाहिए था
कि वह जो भी करेगा, अच्छा करेगा
कोई हिंदू उसे मारेगा
तो भी उसका भला करेगा
राम ने रावण को मारकर यही किया था

फिर भी अख़लाक़ की मौत उतनी दुखद तो है

जितनी कुत्ते के पिल्ले की मौत होती है
फिर भी चलिये दो मिनट का मौन रखने में
खास हर्ज भी नहीं।

हत्यारों के बीच हत्यारे

कितने हत्यारों की बांहें पकड़कर
कितने सपनों की हत्या कर
जब शीर्ष पर पहुंचते हैं कुछ हत्यारे
तो शीर्ष पर बने रहने के लिए भी
हत्याएं करवाते रहते हैं

एक ऐसा दिन आता है
जब शीर्ष पर पहुंचे इन हत्यारों को
भाड़े पर खरीदे गए हत्यारे
खरीद लेते हैं

फिर उनकी योजनाएं
इनकी योजनाएं बन जाती हैं
उनके ख्वाब, इनके ख्वाब बन जाते हैं
वे इनकी भी एकाध योजना
एकाध ख्वाब पूरा कर देते हैं

इस तरह हत्यारों को फांसते हैं हत्यारे
हत्यारे बोलते हैं हत्यारों की जय
सुनने में आता है जैसे बोल रहे हों
भारत माता की जय।

किनमें हो तुम?

अब बोलने वाले कम हैं
चुप रहने वाले ज्यादा
समर्थन करने वाले सबसे ज्यादा
बोलकर चुप हो जाने वाले भी कम नहीं
वह वक्त भी आ सकता है
जब चुप रहने वाले समर्थन में आ जाएँ
समर्थन करने वाले
हत्यारे हो जाएँ
जब हत्यारे
खुश होकर लाशों के ऊपर नाचें
और जो यह देख कर रोने लगे
चीख पड़े, बेहोश हो जाए
भय से काँप-काँप जाए
उसे निपटाकर बैंड बाजों के साथ आगे
आगे ही आगे निकल जाएँ
अनंत तक छा जाएँ
इसलिए बोलनेवाले कम न हों
चुप रहने वाले ज्यादा न हों
देखना तुम किनमें हो।

मनमोहन

नया रिपब्लिक

वे कहते हैं
हत्यारा है तो क्या हुआ
हमारा है

जादू जानता है
बिना आवाज़
सर को धड़ से जुदा कर देता है
बच्चे को तलवार की नोंक पर उठा लेता है
खेल-खेल में
जेब से पैसे
थाली से रोटी
हाथ से लुकमा
ग़ायब कर देता है

कितना साफ़ कितना सफ़ेद झूठ बोलता है
कौन कह सकता है कि
झूठ बोलता है
जो कुछ बोलता है
बिन्दास बोलता है
डँके की चोट पर बोलता है

बकते रहो, देशद्रोहियो!
कि घटिया है
कि बेहया है
वो क्या किसी की परवाह करता है
वो क्या किसी से डरता है
जो कुछ चाहता है
कर गुज़रता है

हर बार
जब शिकार से वापस लौटता है
बन्दूक लिए
कन्धे पर किसी लाश को डाले
या किसी बस्ती को उजाड़ कर
या कुछ रौन्द कर, कुचल कर
गिरा कर या मिटा कर

तो मँच पर आता है
पसीना पोंछता है
हाथ-मुँह धोता है
गान्धी की तस्वीर पर
फूल चढ़ा कर दिखाता है
दर्प से मुस्कराता है
हाथ हिलाता है
और भीड़ से कहता है — ज़रा, ज़ोर से बोलो
भारत माता की जय !

वे चीख़ते हैं
तालियाँ बजाते हैं
कहते हैं — मस्त !
कहते हैं — वाओ !
वाओ जानेमन !!
हाउ मैनली ! हाउ कूल !!
जुग जुग जियो हमारे शेर !!

वे कहते हैं —
वाओ ! भारत माता के सपूत !
एक बार फिर से हमारे लिए आओ
एक बार फिर से अपना ज़ल्वा दिखाओ
एक बार फिर से हाँका लगाओ ।

सहमति का दौर

टेढ़े रास्ते सीधे हो रहे हैं
टेढ़े लोग सीधे हो रहे हैं
कोई रुकावट नहीं
न कोई मोड़ है
कोई दो ओर नहीं
सब कहीं सुविधा है
इनकार की ज़रूरत क्या
थोड़ा-सा इसरार काफ़ी

क्योंकि कोई और नहीं
क्योंकि कोई गैर नहीं
सब अपने हैं
कोई ऐसा इंतज़ार नहीं
जो हमें विकल कर दे

या तोड़ दे
किसी को कहीं से आना नहीं है
किसी को कहीं जाना नहीं है
बस प्रेम से रहना है

देखिए कमाल
एक राह से एक ही राह निकलती है
कोई दो राहें नहीं निकलतीं
एक बात से एक ही बात निकलती है
कोई दो बातें नहीं निकलतीं

अक्सर एक ही बात
अपने दो नमूने बना लेती है
जिससे बात रह जाती है
सच्चाई बस एक है
बाकी उदाहरण हैं

सहमति बुनियादी है
असहमति तो ऐसे ही है
जिससे सहमति घटित होती दिखाई दे

पहले ही जबाब इतना मौजूद है
कि सवाल पैदा ही नहीं होता
कैसी फुर्ती है
कि समस्या बनने के पहले ही
समाधान हाज़िर हो जाता है

जितना विवाद नहीं
उससे कहीं ज़्यादा बिचौलिए हैं
दलीलें, मिसालें, सुबूत
सब एक तरफ़ हैं
गवाह, वकील, मुवक्किल,
मुंसिफ़ यहाँ तक कि मुद्दई
सब एक तरफ़

हम तुम्हें मार देंगे

भूखा मार देंगे
या खिला-खिला कर मार देंगे
हम तुम्हें मार देंगे

दूर रखकर
या पास बुलाकर
सामने से या पीछे से
अकेला करके
या किसी कबीले में खड़ा कर के
बटन दबाकर
या किसी क़रार पर दस्तख़त कर के
हम तुम्हें मार देंगे
ज़िन्दा जला कर मार देंगे
फूलों से दबाकर मार देंगे

हम तुम्हें अमर कर देंगे
और इस तरह तुम्हें मार देंगे

हम तुम्हें मार देंगे
और जीवित रखेंगे

एक दिन तुम पड़ोसी के मर जाने से ईर्ष्या करोगे
और अपने बचे रहने पर शर्म करोगे

तुम कहोगे कि मैं जल्द से जल्द मरना चाहता हूँ
और हम कहेंगे कि जल्दी क्या है

कार्तिक स्नान

एक ही दिन
एक ही मुहुर्त में
हत्यारे स्नान करते हैं
हज़ारों-हज़ार हत्यारे

सरयू में, यमुना में
गंगा में
क्षिप्रा, नर्मदा और साबरमती में
पवित्र सरोवरों में
संस्कृत बुदबुदाते हैं और
सूर्य को दिखा -दिखा
यज्ञोपवीत बदलते हैं

मल-मलकर गूढ संस्कृत में
छपाछप छपाछप
ख़ूब हुआ स्नान
छुरे धोए गए
एक ही मुहूर्त में
सभी तीर्थों पर

नौकरी न मिली हो
लेकिन कई खत्री तरुण क्षत्रिय बने
और क्षत्रिय ब्राह्मण
नए द्विजों का उपनयन संस्कार हुआ
दलितों का उद्धार हुआ

कितने ही अभागे कारीगरों-शिल्पियों
दर्ज़ियों, बुनकरों, पतंगसाज़ों,
नानबाइयों, कुंजड़ों और हम्मालों का श्राद्ध हो गया
इसी शुभ घड़ी में
(इनमें पुरानी दिल्ली का एक भिश्ती भी था)

पवित्र जल में धुल गए
इन कम्बख़्तों के
पिछले-अगले जन्मों के
समस्त पाप
इनके ख़ून के साथ-साथ
और इन्हें मोक्ष मिला
धन्य है

हर तरह सफल और
सम्पन्न हुआ
हत्याकांड

असद ज़ैदी

पुरानी बात

बात बीच में रोककर मेरी बहन
अचानक कहती है — पता नहीं ये रमज़ान सुकून से गुज़रेंगे या नहीं . . .
ईद कैसी होगी?
मैं क्या कहता क्या बीत सकता है इस फ़ाशिस्ट समय में!
सिवा इसके — बाजी, सिग्नल ख़राब है, घर पहुँचकर लैंडलाइन से बात करूँगा।
मैंने सुनी उसकी ठंडी साँस और तीन पुराने लफ़्ज़ — अल्लाह ख़ैर करे!
उसने सुना मुझे कहते हुए — ख़ुदा हाफ़िज़!

आसान हिंसा

और फिर यह भी कि व्यक्ति को मारने में ज़्यादा झंझट है, समूह को
मारने में कोई कठिनाई नहीं, कोई संशय नहीं कोई चमक भी नहीं
अपराध को छिपाने की ज़रूरत भी क्या जब वह अपराध हो भी न—उसे तो
आपके कहे बिना पत्रकार ही छिपा लेते हैं सरे आम टी वी नट जाता है
बुद्धिजीवी उचाट मन से सुनता है राजनेता हाँ हूँ करता है
सुनवाई के दौरान मुन्सिफ़ बार बार उबासी लेता है

हिंसा इतनी आसान हो गई है जितना कि हिंसा का ख़याल
बेख़याली में भी लोगों को मार डाला जा सकता है
जानवर को हम खाने के लिए मारते हैं सोच समझकर काटते हैं
मनुष्य को बस मारने के लिए
एक धब्बा जो जल्द ही फीका पड़ कर उड़ जाता है एक परछाईं
जो ग़ायब हो जाती है सरदी की धूप की तरह

शासक का अकेलापन

शासक का अकेलापन!
यह रघुवीर सहाय गार्सीया मारकेस या मंगलेश
डबराल की फैलाई अफ़वाह नहीं है

वर्तमान लीडर ख़ुद कहता है — हमने जनता को
संस्कार रहित और अकेला कर दिया
कि मेरे पूर्ववर्ती को न आया ज़रा भी
परंपरा का देश का ख़याल

जनता अकेली है तो मैं भी अकेला हूं
सब कुछ नये सिरे से बनाने का ज़िम्मा
मुझी पर आन पड़ा है

देश को नया राष्ट्रपिता चाहिए था
कि वह राष्ट्रपिता मुझे ही बनना है अकेला!

अड़ियलपन

धीरे धीरे मैं कम हाज़िर दिखाई देता हूं
कम ज़ाहिर होता हूं कम ज़रूरी हो चला हूं
ख़ुद से भी दूर धुंधला नज़र आता हूं
(लेकिन) पहचानपत्र वही है
रुका हूं उसी गली के मोड़ पर
कम बदला हूं चौंतीस के बाद कुछ नहीं सीखा
एक क़दम आगे नहीं लिया

तो ज़ाहिर है इन्क़िलाबी हुजूम में और ही लोग होंगे
और ही ख़वातीन और ही हज़रात
कारसेवक क्रांतिकारी ट्रोल हिंदू जैन
बंगाली दुर्गावाहिनी हरियाणवी शिया सूफ़ी इज़राइली मंगलग्रहवासी...

तो भी रेकॉर्ड पर अटकी सूई अटकी ही रहती है
मैं बुदबुदाता हूं वही तकिया कलाम वाम
अवाम फ़ासीवादी निज़ाम फ़िलस्तीन हिंदुस्तान
और इसका भी क्या इलाज

मदन कश्यप

आदिवासी

ठण्डे लोहे-सा अपना कंधा जरा झुकाओ
हमें उस पर पाँव रख कर लंबी छलाँग लगानी है
मुल्क को आगे ले जाना है
बाजार चहक रहा है
और हमारी बेचैन आकाँक्षाओं के साथ-साथ हमारा आयतन भी बढ़ रहा है
तुम तो कुछ घटो रास्ते से हटो

तुम्हारी स्त्रियाँ कपड़े क्यों पहनती हैं
वे तो ऐसी ही अच्छी लगती हैं
तुम्हारे बच्चे स्कूल क्यों जाते हैं
(इसमें धर्मांतरण की साजिश तो नहीं)
तुम तो अनपढ़ ही अच्छे लगते हो

बस, अपना यह जंगल नदी पहाड़ हमें दे दो
हम इन्हें निचोड़ कर देश को आगे ले जाएँगे
दुनिया में अपनी तरक्की का मादल बजाएँगे
और यदि बचे रहे तो तुम्हें भी नाचने-गाने के लिए बुलाएँगे

देश के लिए हम इतना सब कर रहे हैं
तुम इतना भी नहीं कर सकते

तुम्हारी भाषा अब गन्दी हो गई है
उसमें विचार आ गए हैं
तुम्हारी सँस्कृति पथभ्रष्ट हो गई है
उसमें हथियार आ गए हैं
ख़तरनाक होती जा रही हैं तुम्हारी बस्तियाँ
केवल हमारी दया पर बसी नहीं रहना चाहतीं

हमने तो बहुत पहले ही सब कुछ तय कर दिया था
तुम्हें बोलना नहीं गाना आना चाहिए
पढ़ना नहीं नाचना आना चाहिए
सोचना नहीं डरना आना चाहिए
अब तुम्हीं कभी-कभी भटक जाते हो

तुम्हें कौन-सी बानी बोलनी है
कौन-सा धर्म अपनाना है
किस बस्ती में रहना है
कब कहाँ चले जाना है
यह तय करने का अधिकार तुम्हें नहीं है

तुम तो बस, जो हम कहते हैं वह करो
बेकार झमेले में मत पड़ो
हम से डरो हमारी भाषा से डरो
हमारी संस्कृति से डरो हमारे राष्ट्र से डरो

क्योंकि वह जुनैद था

चलती ट्रेन के खचाखच भरे डिब्बे में
चाकुओं से गोद-गोद कर मार दिया गया
क्योंकि वह जुनैद था

झगड़ा भले ही हुआ बैठने की जगह के लिए
लेकिन वह मारा गया
क्योंकि वह जुनैद था

न उसके पास कोई गाय थी
न ही फ्रिज में माँस का कोई टुकड़ा
फिर भी मारा गया क्योंकि वह जुनैद था

सारे तमाशबीन डरे हुए नहीं थे
लेकिन चुप सब थे क्योंकि वह जुनैद था

डेढ़ करोड़ लोगों की रोजी छिन गयी थी
पर लोग नौकरी नहीं जुनैद को तलाश रहे थे

जितने नये नोट छापने पर खर्च हुए
उतने का भी काला धन नहीं आया था
पर लोग गुम हो गये पैसे नहीं
जुनैद को खोज रहे थे

सबको समझा दिया गया था
बस तुम जुनैद को मारो

नौकरी नहीं मिली जुनैद को मारो
खाना नहीं खाया जुनैद को मारो
वायदा झूठा निकला जुनैद को मारो
माल्या भाग गया जुनैद को मारो
अडाणी ने शांतिग्राम बसाया जुनैद को मारो
जुनैद को मारो
जुनैद को मारो

सारी समस्याओं का रामबान समाधान था
जुनैद को मारो
ज्ञान के सारे दरवाजों को बंद करने पर भी
जब मनुष्य का विवेक नहीं मरा
तो उन्होंने उन्माद के दरवाजे को और चौड़ा किया जुनैद को मारो!!

~ ~ ~

ईद की ख़रीदारी कर हँसी-ख़ुशी घर लौट रहा
पंद्रह साल का एक बच्चा
कितना आसान शिकार था
चाकुओं से गोद-गोद कर धीरे-धीरे मारा गया
शायद हत्यारों को भी गुमान न था
कि वे ही पहुँचाएंगे मिशन को अंजाम तक
कि इतनी आसानी से मारा जाएगा जुनैद

चाकू मारने के हार्डवर्क से पराजित हो गया
अंततः मनुष्यता का हावर्ड
वह मारा गया क्योंकि वह जुनैद था!

विजेता हत्यारा

जब पहली बार उसने हमारे एक पड़ोसी को मारा था
तब बेहद ग़ुस्सा आया था।
हमने हत्यारे के ख़िलाफ़ आवाज़ें बुलन्द की थीं
और जुलूस भी निकाले थे।

दूसरी बार जब एक और पड़ोसी मारा गया
तब मैं गुमसुम-सा हो गया था।
घर दफ़्तर सड़क हर जगह असहाय और अकेला ।

फिर जब हमारे तीन-चार पड़ोसी एक साथ मारे गए
तब हम हत्यारों की जयकार करते हुए सड़कों पर उतर आए।

अब मैं अकेला नहीं था।असहाय भी नहीं।
पूरी भीड़ थी साथ।
हत्यारा अब विजेता बन चुका था। हमारा नायक!

थोड़ा सा ईश्वर

थोड़ा-सा ईश्वर चाहिए
बस, इतना कि कमर में तेज दर्द हो
तो उसे पुकार सकूँ
बीमार बेटी का इलाज हो रहा हो बेअसर
तो उससे पूछ सकूँ
किसी बेबस बेसहारे के लिए
कुछ न कर पाऊँ
तो उसके हवाले कर सकूँ
जब सूझ न रही हो बेहतरी की कोई राह
तो उसकी मुँहतकी कर सकूँ

थोड़ा सा चाहिए लेकिन
इतना ज्यादा ईश्वर तो बिल्कुल नहीं चाहिए
कि 'जय श्रीराम! जय श्रीराम!!' कहते हुए
किसी की हत्या कर दूँ!

कुमार अंबुज

दैत्याकार संख्याएँ

बार-बार पूछा जाता है तुम कुल कितने हो
कितने भाई-बहन, कितने बाल-बच्चे, कितने संगी-साथी
कितने हैं तुम्हारे माँ-बाप, और तुम कुल जमा हो कितने
अंदर हो कितने और बाहर कितने?

मैं थोड़ा सोच में पड़ जाता हूँ और अपने साथ
कुछ पेड़ों को जोड़कर बताता हूँ, कुछ इतिहासकारों,
वैज्ञानिकों, कुछ प्राचीन मूर्तियों को करता हूँ शामिल
कवियों, विचारकों, कहानियों के पात्रों, पूर्वजों को,
कुछ किताबों और आसपास के ज़िंदा लोगों को गिनता हूँ

वे हँसकर बताते हैं कि हम रोज़ काट रहे हैं हज़ारों वृक्ष
बुद्धिजीवियों को डाल दिया है स्टोन-क्रॅशर में
तोड़ी जा चुकी हैं तमाम मूर्तियाँ
तुम्हारी कथाओं के पात्रों को दिखा दिया है बाहर का रास्ता
दुरुस्त हो चुके हैं सारे पाठ्यक्रम, बंद कर दी हैं लायब्रेरियाँ
उधर ज़िंदा ही जलाये जा रहे हैं तुम्हारे ज़िंदा लोग
इन्हें घटाओ और अब बताओ,
इन सबके बिना तुम कितने हो?

और सोचो, तुम इतने कम क्यों हो
इतने ज़्यादा कम हो कि संदिग्ध हो
कुछ तो है तुम्हारे ही साथ गड़बड़
जो तुम हर जगह, हर युग में अकेले पड़ जाते हो
अपनी जाति, अपने धर्म, अपने ही देश में कम पड़ जाते हो
इतने कम होना ठीक नहीं
इतने कम होना राजनीति में मरणासन्न होना है
जीवन में इतने कम होना जीवन पर संकट है
इतने कम होने का मतलब तो नहीं होना है
इतने कम होना दृश्य में अदृश्य हो जाना है

आख़िर कहता हूँ, हाँ भाई,
मैं इतना ही कम हूँ और अकेला हूँ
वे कई लोग हैं, हथियारबंद हैं,
हर तरह से ताक़तवर हैं लेकिन आश्वस्त नहीं हैं,
उन्हें लगता है कुछ छिपा रहा हूँ
वे जारी रखते हैं अपनी तीसरे दर्जे की पूछताछ :

> इतने बहुमत के बीच तुम कैसे रह सकते हो अकेले
> तुम एक राष्ट्र में निवास करते हो किसी गुफा में नहीं
> इस तरह यदि कई लोग अकेले रहने लग जाएँ
> तो फिर हमारे बहुत ज़्यादा होने का क्या मतलब है
> यह अकेले होना षडयंत्र है
> जब तक तुम इस तरह अकेले हो एक ख़तरा हो
> बताओ, तुम कुल कितने जन अकेले हो ?

ज़रूरी है गिनती
पता तो चले कि तुम ऐसे कैसे अकेले हो

जो अपने साथ जंगलों को, कीट-पतंगों, दार्शनिकों,
उपन्यासों, मिथकों, पुरखों और पहाड़ों को जोड़ लेते हो
भरमाते हो सबको, हमेशा ही सरकार को ग़लत बताते हो
कहते हो कि अकेले हो लेकिन सड़कों पर तो तुम
ज़्यादा दिखते हो, मारने पर भी पूरे नहीं मरते हो
हम सबके लिए मुसीबत हो, हम जो इतने ज़्यादा हैं
जिन्हें तुम कुछ नहीं समझते, कुछ भी नहीं समझते,
मगर भूल जाते हो तुम बार-बार कि हम बहुमत हैं,
तुम भूल जाते हो कि हम हैं: दैत्याकार संख्याएँ।

प्लेग

जब कवि लेखक पत्रकार
बदल जाते हैं चूहों में
तो सिर्फ़ फैला सकते हैं महामारी
फिर तहख़ानों नालियों घरों में
मंच पर सीढ़ियों पर बिस्तरों पर रास्तों में
कोनों-किनारों के वास्तविक
और आभासी संसार में
ये सब चूहे मरते हुए मिलते हैं
तुम सोचते हो कि ये बेचारे चूहे हैं
ये ख़ुद ही मर रहे हैं ये किसी को क्या मारेंगे

लेकिन फिर चारों तरफ़ दिखते हैं
चूहों की तरह चूहों की मौत मरते लोग
जब बुद्धिजीवी होने लगते हैं चूहे
तो फिर चीं-चीं-चीं करती दुनिया में
कुछ भी नहीं रह जाता विश्वसनीय
तुम किस शहर किस उजाड़ किस आबादी
किस वीरानी में जाकर बचाओगे अपनी जान
कि सब जगह है चूहों की भरमार
अकाल तड़पती हुई मृत्यु के दृश्य
रोज़मर्रा में होने लगे हैं आम

बढ़ता चला जा रहा है चूहों का साम्राज्य
फैल रही है महामारी।

याचिका

श्रीमान, मुझे नशे की तरह लत है
किताब पढ़ते हुए सोने की
वरना हाज़मा ठीक नहीं रहता
और अच्छी तरह नींद नहीं आती
हालाँकि इससे दूसरे को कोई ख़तरा नहीं है
लेकिन इधर नया नियम है इसलिए आवेदन है
कि मुझे तीन-चार दिन में एक के हिसाब से
साल भर में सौ किताबें पढ़ने का लाइसैंस दिया जाए
और अब सड़सठ की उम्र में
चार-पाँच हज़ार किताबों का घर में होना
जुर्म न माना जाए

चाहें तो सूची बनाकर दे सकता हूँ
आप ही बता दें क़ानूनन कौन-सी किताबें
घर में रखना मुनासिब नहीं
लेकिन सहानुभूतिपर्वूक इस पर भी विचार किया जाए
कि जितनी मैं पढ़ चुका हूँ उनकी ज़ब्ती
कैसे करेंगे श्रीमान
और मुक़दमा चलाने से पहले यह भी बताया जाए
कि वे कौन सी किताबें हैं जो बाज़ार में मिल सकती हैं
ऑनलाइन भी जो देश प्रदेश के
दूसरे हिस्सों में हो सकती हैं मगर घर में नहीं

अलावा आसपास ऐसे लोग भी हैं
जो चलती-फिरती किताबों की तरह हैं
जिनसे मेरी रोज़ाना की मुलाक़ातें हैं

घर-समाज में श्रुति परंपरा रही इसलिए कई कविताओं
कहानियों का सार-संक्षेप पहले से याद है
अगर यह स्वीकारोक्ति अपराध जैसी लगे तो निवेदन है
आप दंडानुसार मुझे जहाँ भेजना चाहते हैं
वहाँ किताबें भी दी जाएँ ऊपर बताये गए हिसाब से
मगर आप ये कुछ ज़ब्तशुदा किताबें पढ़ेंगे
तो श्रीमान के संज्ञान में आ ही जाएगा
कि फ़ालतू नशे उतारने का यह ऐसा नशा है
कि इसे नशा कहना बस एक मुहावरा है।

धरती का विलाप

(थियो एंजेलोपोलस की फ़िल्म 'द वीपिंग मैडो' के लिए आदरांजलि)

दुख उठाने के लिए स्त्रियाँ ही बची रह जाती हैं
मानो उनका यही जीवनचक्र हैः सुख देना, दुख सहना
और नए दुखों की राह तकना
पार्श्व में संगीत गूँजता है विलाप की तरह
वाद्य यंत्र अपना काम करते हैं
बन्दूक़ें अपना

विस्थापन की मुसीबत में नदी भी एक दिन
आदमियों, मकानों, और पेड़ों को घेर लेती है
लेकिन बाढ़ में घिरी एक अकेली स्त्री
किसी दूसरी ज़मीन पर जाने से इनकार कर देती है
डूबते घर के सेहन में बैठकर
निष्कम्प देखती है गूँगा हाहाकार और मृत्यु
वह जानती है कि नौकाएँ भी दुखों को
इस पार से महज़ उस पार ही लेकर जा सकती हैं

एक उम्रदराज घर बीच में खड़ा होकर
अपनी खिड़कियों से परदे हटाकर झाँकता है
लोगों की परछाइयाँ नदी की अतिशयोक्ति में झिलमिलाती हैं
वह देखता है घर से बाहर क़दम रखते ही हर जगह
हर आदमी शरणार्थी हो जाता है
आँगन में सूखते हुए कपड़े सूखते रहते हैं
ओस, नमी, आँसू, ख़ून, उन्हें पूरी तरह सूखने नहीं देते
रंगशालाएँ और सभागार बदल जाते हैं शरणस्थलियों में

ईर्ष्या, नफ़रत और क्रूरता अन्तिम वक़्त तक पीछा करती है
सारे पात्र अभिनय करने की कोशिश कर रहे हैं
केवल घटनाएँ हैं जो बिना अभिनय के घट रही हैं

अचानक पति का साथ छूटता है तो याद आता है बेटा बचा है
जब बेटा छूटता है तो याद आता है पति पहले ही छूट चुका है
नृशंसता के युग में हर आकांक्षा, हर जगह बरबाद हो जाती है
घरों के भीतर गृहस्थी का टूटा-फूटा सामान भी नहीं दिखता
रात में सैक्साफोन की आवाज़ बारिश को स्तब्ध करती है
और औंधे मुँह गिरकर कीचड़ में सन जाती है
गिटार से वायलिन की जुगलबन्दी हवा में है
लेकिन हवा में तैरती उमस
हर संगीत को विफल कर देती है

आदमी भी हर तकलीफ़ झेलता जाता है छाती पर
और बैठे-बैठे ही या धीरे-से लुढ़कते हुए अकस्मात
सूचना देता हैः बस, बहुत हुआ
अब रंगमंच पर ख़ाली कुर्सियों का सूनापन
उनकी आकांक्षा, उनका अवसाद आपके सामने है
वहीं आप संगीत की उदासी में थिरक सकते हैं
या लड़खड़ाकर गिर सकते हैं

हाथ में हाथ डालकर चलते रहने से भी
न अकेलापन ख़त्म हो पाता है, न निर्वासन, न भय
लैम्प की रोशनी का उजास गिरता है जीवित चेहरों पर
देख सकते हैं थकान और आतंक की स्याही अमर है
प्रिय चीज़ें अधूरे स्वेटर की तरह उधड़ती रहती हैं

सूखती सफ़ेद चादरों पर बनते हैं ऊँगलियों के निशान
जैसे कोरे कैनवस पर हल्के हाथों से
लगाया जा रहा हो रक्तिम ब्रश

नेपथ्य से रेलगाड़ी शोकाकुल सवारियाँ ढोकर लाती हैं
लाचारी का धुआँ पटकथा को काला कर देता है
नदी किनारे, भूरी ज़मीन पर बिखरी लाशें
करती हैं अपनों के रुदन का इन्तज़ार

और अपनी उन क़ब्रों का जो उन्हें कभी नसीब नहीं होतीं
सुनसान पठारों पर भी गश्त जारी है जहाँ मरण का शोक
मिट्टी में मिलकर मिट्टी के रंग का हो गया है

दो प्रेमी, दो बच्चे, दो भाई चले जाते हैं अलग रास्तों पर
एक स्त्री की मृत्यु उन्हें कुछ देर के लिए इकट्ठा करती है
एक स्त्री अपने सन्निपात में
अपना दुख बताने की बार-बार कोशिश बेकार करती है
एक स्त्री उसे सांत्वना देते हुए अपने ही सन्ताप में गिर पड़ती है
वही है अन्त, वही है अनन्त
वही बचा रहता है।

कात्यायनी

उस रात अल्ताफ़ यूँ ग़ायब हुआ

पिछले हफ़्ते की बात है।
इतवार की शाम को अल्ताफ़ के
ग्यारह साल के बेटे को
सोसाइटी के कुछ हिन्दू बच्चों ने
मिलकर पीटा, उसका बैट तोड़ दिया
और कहा, 'स्साला कटुआ, पाकिस्तानी!'
उसी रात अल्ताफ़ टीवी पर
हिचकॉक की फिल्म 'बर्ड्स' देखते हुए
उसमें घुस गया
और मासूम परिन्दे देखते-देखते
उसे नोच-नोचकर खा गये।

नया हितोपदेश

वे शान्त-सौम्य धीर-गम्भीर दिखने की
भरपूर कोशिश करते हुए आये
और बोले कि इतने अराजनीतिक समय में
कविता में इतना राजनीतिक हो जाना
कहाँ की समझदारी है!
हमारा कहना था कि हत्याओं के समय में
समझदारों का अराजनीतिक होना
एक अपराध है
और यह भी कि लोगों को अराजनीतिक बनाना
सबसे ख़तरनाक राजनीति है।
हत्यारे जब पूरी तैयारी के साथ
बस्तियों पर धावा बोलने बढ़े चले आ रहे थे
तब वे लोगों को मुक़ाबले के लिए तैयार रहने को
कहने की जगह
शान्ति, अहिंसा, करुणा, दया और क्षमा की
महत्ता बता रहे थे
और मानस की चौपाइयाँ सुना रहे थे।
उनका कहना था कि कविता में कला
उतनी ही ज़रूरी है जितनी
जीवन में व्यावहारिकता
और हमें परिस्थिति अनुसार
ख़ुद को ढाल लेना चाहिए
जैसे कि काशी में कहना चाहिए
'अगड़ बम-बम लहरी बगड़ बम-बम लहरी'
और मथुरा में 'राधे राधे' गाते हुए
मस्त होकर नाचना चाहिए।

उन्होंने बताया कि परम्परा और देशीपन के बिना
प्रगतिशीलता किसी काम की नहीं
और एक सच्चा और अच्छा वामपन्थी बनने से पहले
एक सच्चा और अच्छा हिन्दू बनना ज़रूरी है
हिन्दुस्तान की ठोस परिस्थितियों में।

अच्छा आचरण

जेल में अच्छे आचरण के कारण
आजीवन कारावास की उसकी सज़ा
कम कर दी गयी
और उसे रिहा कर दिया गया।
दंगों में उसने कइयों को मारा था,
कई घर जलाये थे और
सामूहिक बलात्कारों में भी हिस्सा लिया था।
बाहर की ही तरह जेल के भीतर भी
उसके प्रशंसकों की कमी नहीं थी
और जेल प्रशासन भी उस पर मेहरबान रहा।
जहाँ वह व्यवस्था बनाये रखने में
जेल प्रशासन की मदद करता था,
क़ैदियों को पीटी-परेड करवाता था,
खाना बँटते समय लाइनें लगवाता था,
प्रार्थना सभा में भजन गाता था,
अपनी कोठरी में सुन्दर काण्ड का पाठ करता था
और परिसर की क्यारियों में फूलों के पौधे लगाता था।
जेल के हालात में उसे सदाचारी होना ही था
और उन परिस्थितियों में ऐसा सदाचारी होने में
दिक़्क़त भी भला क्या हो सकती थी!
लगातार अच्छे आचरण के बाद जब वह
रिहा होकर बाहर आया
तो एक उन्मादी भीड़ ने तुमुल हर्षध्वनि करते हुए
नारे लगाये, उस पर फूल बरसाये
और कन्धे पर उठाकर उसे उस ओर ले गयी
जहाँ स्वागत सभा होनी थी।

भीड़ ने उसे अपना नायक बनाया
जेल के अच्छे आचरण के कारण नहीं
बल्कि उसके उस आचरण के कारण
जिसके लिए उसे जेल जाना पड़ा था।
इस तरह यह सिद्ध करने का महान काम भी
उसके हाथों ही सम्पन्न होना था कि क़ानून
सबके लिए बराबर है और हम भारत के लोग
एक महान लोकतन्त्र में निवास करते हैं
जो सबसे पुराना और सबसे बड़ा होने के साथ ही
सेक्युलर भी है और
बहुत उदार भी।
वह सबको एक मौक़ा और देता है।

साहित्य-मण्डी का व्यावसायिक सहकार

कोसल और मगध- दोनों ही जगह विचारों की घनघोर कमी है
और किस्सों और गप्पों का भण्डार है।
दोनों एक-दूसरे की ठकुरसुहाती बतिया रहे हैं।
सुन्दर शब्दों की जलेबी
पग रही है भावुकता की
लिसलिसी चाशनी में और
विचारहीनता की यह प्राच्य-पुरातन जुगलबन्दी
नया इतिहास रच रही है।
देवगण पुष्पवर्षा कर रहे हैं।
यक्षों-गन्धर्वों-किन्नरों की 'अहोध्वनि' से
दसों दिशाएँ गूँज रही हैं।
साहित्य का यह सहकार दरअसल
व्यावसायिक लेनदेन का हेतुक है।
कोसल आज बेचता है
मगध का रेशम।
कल बदले में मगध बेचेगा
कोसल का कद्दू
जिसके बने पेठे बिकेंगे
हस्तिनापुर से लेकर
मौर्य साम्राज्य के सुदूर विस्तार तक।
यह विचारहीन परस्पर हितकारी
सहकार
अभी टिकेगा
और मूर्खों, मतिमन्दों से भरे बाज़ार में
यही ऊँचे भाव पर बिकेगा।
सुन्दर, सजी-धजी विचारहीनता ही

आज के ग्लोबल-लोकल साहित्यिक-बौद्धिक बाज़ार में
सबसे अधिक बिकती है और
सभी जानते हैं हमारे इस समय का बीजमन्त्र-
जो बिकेगा वही टिकेगा।

विमल कुमार

तालियाँ

सड़क पर चलते हुए एक बच्चा गिर गया
तो उन्होंने हँसते हुए तालियाँ बजाईं

दंगे में किसी का घर जला
तो उन्होंने सबसे पहले तस्वीरें खींचीं
फिर तालियाँ बजाईं
वे बैठे रहे बरामदे में
यह इंतजार करते हुए
कि किसी की हत्या हो
और वे जोरदार तालियाँ बजाएं
एक स्त्री का बलात्कार हो
और वे अपराधियों के पक्ष में तालियाँ बजाएं
अब सभागार में उन्होंने तालियाँ बजाने का
एक विश्व कीर्तिमान बनाया है

फिर महामहिम आये
बोले – आप लोग इसी तरह तालियाँ बजाते रहें
इससे हमारा लोकतंत्र मजबूत होता है

फिर क्या तालियों की गड़गड़ाहट से गूंज उठा आसमान

अगले दिन अखबार में मुखपृष्ठ पर खबर थी
सत्तर साल में नहीं बजी थी इस तरह
देश के इतिहास में तालियाँ!

हत्यारे का योगदान

अब हत्यारे को भी सम्मानित कर ही दिया जाना चाहिए
क्योंकि समाज के विकास में उनके अवदान बहुत अधिक हैं
बलात्कारी से भी समारोह का उद्घाटन करवाया जाना चाहिए
क्योंकि उनकी विद्वत्ता का लोहा सब मांगने लगे हैं
दंगाइयों से भी अपनी किताब की
भूमिका लिखवाई जानी चाहिए
क्योंकि उनके पास अद्भुत भाषा और शिल्प है
मसखरों को निर्णायक बनाने में क्या बुराई है
उनके भाषणों के तो लोग आखिर कितने मुरीद हैं

लोकतंत्र जब एक प्रसंग में बदल जाता है
ऐसे सुभाषित वाक्य कानों में अक्सर गूंजने लगते हैं

मेरे बारे में जो कहा गया

जब मैंने कहा आजकल बहुत बेरोजगारी है
मेरे बारे में कहा गया
एक चुनी हुई सरकार को मैं अस्थिर करने में लगा हूं
जब मैंने कहा आजकल बड़ी तादाद में किसान आत्महत्याएं कर रहे हैं
मेरे बारे में कहा गया
मैं इस देश में चारों तरफ अशांति फैला रहा हूं
जब मैंने कहा मंदिर मस्जिद का झगड़ा ठीक नहीं
मेरे बारे में कहा गया
मैं इस महान लोकतंत्र की परंपरा को कमजोर कर रहा हूं
जब मैंने कहा इस देश में गरीब बच्चों में बहुत कुपोषण है
उन्होंने कहा
मैं एक गौरवशाली राष्ट्र को दुनिया में बदनाम कर रहा हूं
जब मैंने कहा
स्त्रियों के साथ आजकल बहुत दुष्कर्म बढ़ता जा रहा
उन्होंने कहा
मैं सीता और पार्वती का अपमान कर रहा हूं

तुम कहोगे उनको देशभक्त

सुबह-सुबह वे तुम्हारे मोहल्ले में
एक तिरंगा लहराते आएंगे
फिर तुम्हारे घर को आग लगाएंगे
क्या तब भी तुम उन्हें कहोगे
–देशभक्त!
एक दिन बीच सड़क पर
घोंप देंगे पीछे से
तुम्हारी पीठ में वे चाकू
क्या तब भी तुम कहोगे उन्हें
–देशभक्त!
बहस होगी जब उनसे तुम्हारी
किसी बात पर
तुम्हारे बालों को खींच कर
कर देंगे तुम्हें निर्वस्त्र
भारत माता की जय कहते हुए
क्या तब भी तुम कहोगे उन्हें
देशभक्त
खतरे में था तब भी यह देश
जब एक भ्रष्टाचारी को बता रहे थे
लोग परम धर्मनिरपेक्ष
लुटेरे को माफ किया जा रहा था
क्योंकि वह समाजवादी था
भुखमरी और बेरोजगारी का
चारों तरफ आलम था
चुनाव में दिखाए जा रहे थे
केवल सपने . . .

अपने ही देश के
अब हम नागरिक नहीं थे
हर बार छले गए मतदाता थे
अपने अधिकारों से वंचित थे
सच पहले भी कहते थे
लेकिन देशद्रोही नहीं थे

पवन करण

भीड़

हम भीड़ थे इसलिये उनके लिये मुफ़ीद थे
भीड़ से भेड़ों में बदलकर
हमें हांक लेना आसान था उनके लिये
हांककर उन्होंने हमें भेड़ ही नहीं रहने दिया
भेड़ियों में बदल दिया रंगकर
उन्होंने दाढ़ों में ख़ून लगाकर हमारी
हमें हमारे शिकार भी बता दिये
शिकार भी वे जो सदियों से हमारे साथ
रहते आये, सुबह—शाम जो हमें
और हम उन्हें दुआ—सलाम कहते आये
अब हम हर वक़्त अपने शिकार पर गुर्राते रहते हैं
और एक दिन हम उन्हें जरूर खा जायेंगे
ख़ुद को इस बात का विश्वास दिलाते रहते हैं।

नागरिकता

मुझसे नहीं मेरी नागरिकता के बारे में
देश की मिट्टी से पूछो
वही बतायेगी कि उसके आगोश में
मेरी कितनी पीढ़ियां दफ़्न हैं
मेरी वल्दियत मुझसे ज़्यादा इसे पता है
इसने मेरा ख़ून मलमूत्र चलना दौड़ना
गिरना उठना औलाद की तरह स्वीकारा है
इसने मुझे कहीं नहीं जाने दिया
जो इसे छोड़कर चले गये दूर रहकर भी
इसे अपना बताते रहे
ये उन्हें शिद्दत से याद आती रही
मिलने पर हाथ चूमते और
फूट फूटकर रोते हुए कहते रहे
हमारी तुम्हारी मिट्टी एक है
जिसमें पुरखे दफ़्न हों
मज़ा उसी मिट्टी में मिलने का है
मेरी नागरिकता के सभी दस्तावेज़
इसकी रगों में सुरक्षित हैं
इसने मुझे मुसलमान नहीं मनुष्य माना है

जनता की हार

जनता को हराया जा रहा है
जिस जनता ने उसे चुना
उसी जनता को हराकर
राजा हो रहा है ख़ुश
राजा के पास अपनी जनता से
हारने का हौसला नहीं
उसके साथ अपनी जनता को
हराने की हिमाक़त है
जनता को हारता देख
राजा के मंत्री-संत्री
बजा रहे हैं तालियां
गलियों में नाच रहे विदूषक
ख़ुद को ख़ुद के राजा की
कोशिशों से हारते देख
हताश नहीं जनता
हार से उसकी पहचान बड़ी पुरानी
हार-हार कर ही
वह राजा को हरा पायेगी
ज़िंदा होने की अपनी
पहचान बचा पायेगी
जो उसे हर बार खड़ा कर देती है
उसे उस मिट्टी पर भरोसा है

मैं उनके साथ हो लिया हूं

मैंने अपने किसान पुरखों को नहीं देखा
मगर जिन्होंने उन्हें देखा वे बतलाते हैं
मेरा चेहरा उनसे मिलता है
मुझे वे खेत भी देखने को नहीं मिले
जिनमें मेरे पुरखे खेती करते थे
जो आज होते तो मेरे कहलाते
मेरे अंदर गांव, खेत और अपने
किसान पुरखों को लेकर
हमेशा हूक उठती रही
मगर मुझे आज अचानक अपने
खेतों को बचाने के लिए लड़ते
सभी पुरखे मिल गये एक-एक कर
मैंने उन्हें पहचान लिया
मैं उनके साथ हो लिया हूं
मैं उनके जैसा दिख रहा हूं
मुझे अपने खेत और उनमें
खड़ी फसलें दिखाई दे रही हैं
अपने पुरखों के साथ धरने पर बैठे
और नारे लगाते हुए आप भी मुझे पहचान सकते हैं।

अरुण आदित्य

मणिपुर की मुनिया के मन की बात

माफ़ करो साहब
मैं आपकी बेटी नहीं हूँ

मैं आपकी कुछ नहीं हूँ
होती, ज़रूर होती
अगर मेरी जाति बहुमत में होती

आपकी कुछ होती
तो दौड़े चले आते मेरी पुकार पर
जैसे गज को ग्राह से बचाने
नंगे पाँव चले आए थे विष्णु

जैसे सब कुछ छोड़
पांचाली का चीरहरण रोकने
दौड़ पड़े थे लीलाधर

आप मेरे बाप या कुछ भी होते
तो मेरे साथ इतना सब कुछ होने के बाद
क्या एक भी रात चैन से सोते
जब बेटी का हो रहा हो चीरहरण

कौन बाप करेगा विश्वभ्रमण
जब पुत्री का माँस नोच रहे हों हैवान
कौन पिता परदेश जाएगा लेने सम्मान

हर ज़रूरी काम से निवृत्त हो जाने के बाद
कितनी शर्म, कितनी व्यथा से कहते हैं आप
मेरी बेटियों को ज़रूर दिलाऊँगा इंसाफ़
आपकी वाणी में जो व्यथा है
उसके आगे हमारी तुच्छ पीड़ा क्या है

मेरे लिए शर्मिंदा मत होइए
मुझे माफ़ कीजिए
मैं आपकी बेटी होने से इनकार करती हूँ
कहीं और जाकर इंसाफ़ कीजिए।

विनय-पत्र

सूर्य!
तुम उन्हें भी देते हो उतना ही प्रकाश
जबकि वे तो तुम्हें देवता नहीं मानते

इंद्र!
तुम उनके हिस्से में भी देते हो
हमारे ही बराबर बारिश
जबकि सिर्फ़ हम ही
मानते हैं तुम्हें देवराज

शिव!
तुम्हारा तीसरा नेत्र भी
फ़र्क़ नहीं करता हममें और उनमें
जबकि भंग, धतूर और बेलपत्र
तो हमीं चढ़ाते हैं तुम्हें

और राम जी!
तुम भी बिना सोचे समझे ही
कर देते हो सबका बेड़ा पार
कुछ तो सोचो सरकार
आख़िर तुम्हारे लिए ही तो
लड़ रहे हैं हम

आदरणीय देवताओ!
वे नहीं हैं तुम्हारी अनुकम्पा के हक़दार
यही विनती है बारंबार

कि छोड़ दो ये धर्मनिरपेक्षता
छोड़ दो, छोड़ दो, छोड़ दो

छोड़ दो, वरना . . .!

डर के पीछे जो कैडर है

यह केसरिया करो थोड़ा और गहरा
और यह हरा बिल्कुल हल्का
यह लाल रंग हटाओ यहाँ से
इसकी जगह कर दो काला
हमें तस्वीर के बड़े हिस्से में चाहिए काला

यह देवता जैसा क्या बना दिया जनाब
इसके बजाय बनाओ कोई सुंदर भूदृश्य
कोई पहाड़, कोई नदी

अब नदी को स्त्री जैसी क्यों बना रहे हो तुम
अरे, यह तो गंगा मैया हैं
इन्हें ठीक से कपड़े क्यों नहीं पहनाये
कर्पूर धवल करो इनकी साड़ी का रंग

कहाँ से आ रही है ये आवाज़
इधर-उधर देखता है चित्रकार
कहीं कोई तो नहीं है
कहीं मेरा मन ही तो नहीं दे रहा ये निर्देश

पर मन के पीछे जो डर है
और डर के पीछे जो कैडर है
जो सीधे-सीधे नहीं दे रहा मुझे धमकी या हिदायत
उसके ख़िलाफ़ कैसे करूं शिकायत?

चाय-वाय, न्याय-वाय

छोड़ो-छाड़ो ये हाय-हाय
आओ हो जाए चाय-वाय

काली आँधी का महा शोर
मत अकनो इसका ओर-छोर
कानों को बहरा कर देगी
ये स्याह वक़्त की सांय-सांय।

सत्ता है, सत्ता पे सत्ते
क्या खोलोगे इनके पत्ते
वेतन-सेतन, बोनस भत्ते
पर व्यक्त कीजिए राय-वाय।

जो माचिस लेकर घूम रहे
हिटलर का फ़ोटो चूम रहे
वे प्रश्नों से चिढ़ जाते हैं
मत पूछो उनसे, काय-काय।

अच्छी क़ीमत पर है बिकना
तो लिखने से ज़्यादा दिखना
घर फूँक तमाशा बहुत हुआ
अब हो जाए कुछ आय-वाय।

भैंसें उसकी, जिसकी लाठी
है नई नहीं ये परिपाटी

दिल को बहलाने को ग़ालिब
है पुलिस कचहरी न्याय-वाय।

आर. चेतन क्रांति

व्यतीत वीर

जिन्हें इस वर्तमान में जगह नहीं मिली
वे अतीत की तरफ़ चले

चले वे कहते हुए
अरे कितना अन्याय हुआ
कितना अत्याचार
पाँच सौ साल पहले
श्मशानों-क़ब्रिस्तानों से होते हुए
पहुँचे वे स्मारकों तक
जो वर्तमान के पर्यटन स्थल थे
वर्तमान के बच्चे और प्रेमी जहाँ
भविष्य-भविष्य खेलते थे

यहाँ भी उन्होंने श्मशान बनाना चाहा
चाहा कि ख़ून-ख़ून खेलें यहाँ भी
जैसे खेला गया था पाँच सौ साल पहले
जैसा कि उन्होंने बताया कि उन्हें बताया गया।

वे पाँच सौ साल पुराने मस्तिष्क के साथ
प्राकृतिक किसी गड़बड़ी के चलते

वर्तमान की कोख में आ पड़े थे
दुर्घटनावश
और समझ नहीं पा रहे थे कि
अपने इस एक्सपायर्ड वुजूद का क्या करें

अपने भीतर खुदी पाँच सौ साल की खाई कूदकर
वे भविष्य में जा नहीं सकते थे
सो पाँच सौ साल पहले की तरफ़ चले
अपना वर्तमान ढूँढ़ने

पाँच सौ साल पुराने हथियार ढूँढ़े उन्होंने
पाँच सौ साल पुरानी वीरताएँ
पाँच सौ साल पुरानी नफ़रतें धो-पोंछ कर गले में डालीं
पाँच सौ साल पुरानी सार्थकताएँ
छातियों पर सजाईं
और त्योहारी झाँकियों की तरह निकले
वर्तमान के बाज़ारों से
जहाँ वर्तमान की कामनाएँ
भविष्य के नियॉन ख़्वाब बुनती थीं

वे हैरान हुए देखकर
कि मानव-मुंडों की मीनारें
नहीं हैं कहीं
कहीं भी नहीं हैं
अलग-अलग कटे हाथों-पैरों-घुटनों-टख़नों-जाँघों-बाँहों
और स्तनों के शोरूम

और वे मचल उठे कि करें
जैसा सुना था उन्होंने
कि होता था पाँच सौ साल पहले
उनके अपने समय में।

वर्तमान में वे
ख़ुद को फ़ालतू पाते थे
कि जैसे पूँछ निकल आई हो वापस
मनुष्य देह में
और समझ न पा रही हो
कि वर्तमान की वेशभूषा में
जहाँ हर अंग की जगह थी
वह कहाँ रहे

सो वे दुबारा नापने
दुबारा काटने
दुबारा सिलने के लिए बैठ गए
इतिहास का कोट
पत्थर की कैंची और पत्थर की सुई से।

उन्हें वर्तमान पर क्रोध आता
क्रोध से थरथराते-काँपते-बिलबिलाते
वे अपने प्राचीन वर्तमान में खड़े
अपने कवच-शिरस्त्राण-धनुष-बाण-तरकश-तलवारें
उठाते-रखते
युद्ध में डूबे रहते
कंकालों से लड़ते उन्हें पछाड़ते-जीतते।

कहते कि यहाँ के बाद जो हुआ होगा
हमें नहीं पता हमें नहीं जानना हमें मत बताओ
हमें नहीं चाहिए
हम यहीं से दुबारा चलेंगे
हमारा वर्तमान दूसरा होगा
जिसमें बस हम रहेंगे
और कोई नहीं।

विचित्र थे ये लोग
बहुत फबते होंगे
पाषाण और लौह वाले युगों में

लेकिन डिजिटल में काहे भसड़ पोत रहे बे!

शांति वार्ता

और अंत में हमने इंसानियत का हवाला दिया
हमें यक़ीन था कि अब वह निरुत्तर हो जाएगा
लेकिन वह ठठाकर हँसा
इंसानियत उसके लिए सबसे कमज़ोर तर्क था
सबसे हास्यास्पद।

हमने बहुत अरमान से उसे तानाशाह कहा
कि उसकी आँख नीची होगी
पर उसकी छाती और फूल गई
यह उसके लिए उपाधि थी।

हमने चिल्लाकर कहा हत्यारे हो तुम
वह गर्व से मुस्कुराया
जैसे कि हमने उसकी तारीफ़ की हो

हमने कहा
कि तुम वक़्त में पीछे की तरफ़ जा रहे हो
तुम्हारा मुँह उल्टी दिशा में है
तुम कहीं नहीं पहुँचोगे
उसने कहा मेरे साथ पूरा देश है
मुझे फ़र्क़ नहीं पड़ता।

भक्ति की शक्ति

ज्ञान की आग मुझे जला नहीं सकती
प्यार की बारिश मुझे गला नहीं सकती
तर्क की तलवार मुझे काट नहीं सकती

सच मुझे छू नहीं सकता
बुद्धि मुझे पकड़ नहीं सकती

इंसानियत मुझे झुका नहीं सकती
किताब मुझे कुछ सिखा नहीं सकती
विज्ञान मुझे बदल नहीं सकता
नया कुछ भी हो
सामने मेरे चल नहीं सकता

मैं झूठ की मीनार हूँ
उन्माद का तूफ़ान हूँ
अफ़वाहों पर पलता हूँ
नशे में चलता हूँ

मैं न पहले कभी था
न आगे कभी हूँगा
तुम जो चाहे कर लो
मैं जो हूँ वही रहूँगा

संशयहीन हूँ
सशक्त हूँ

ज्यादा मत सोचिए

मैं भक्त हूँ।

वे हार जाएँगे

वे झूठ बोलेंगे
वे चीख़कर झूठ बोलेंगे
वे लगातार चीख़कर लगातार झूठ बोलेंगे

तुम सच कहने के लिए हकलाओगे
बेबस महसूस करोगे
और हैरान होकर चुप हो जाओगे

तुम समझ नहीं पाओगे
कि इस तरह लगातार
चीख़-चीख़कर कोई झूठ कैसे बोल सकता है
पर तुम हारोगे नहीं।

वे हार जाएँगे
क्योंकि उनका सब झूठ है
उनका चीख़ना भी झूठ है

अपने झूठ पर उनका भरोसा भी झूठ है
अपने झूठ को सच साबित करने के लिए
वे बंदूक़ चलाएँगे
लेकिन फिर भी हारेंगे

वे झूठे नारे लगाएँगे
और सच्चे सैनिकों का खोखला अभिनय करते हुए
सच के दुर्बल वीरों पर लोहे की लाठियाँ लेकर टूट पड़ेंगे
लेकिन फिर भी हारेंगे

वे अपनी आनुवंशिक कुंठाओं का मुकुट
सिर में खोंसकर
हाथ में शिश्न का चाकू थामकर
सच की वीरांगनाओं के पवित्र कोनों को
नेस्तनाबूद कर देंगे
लेकिन फिर भी हारेंगे

वे नक़ाब पहनकर आएँगे
और खुले आसमान तले
निहत्थे खड़े सच की तरफ़
अपनी गली हुई आत्मा के बदबूदार चिथड़े फेंकेंगे
पेट्रोल में भिगोकर
माचिस की तीली दिखाकर
लेकिन फिर भी हारेंगे

वे सब तरफ़ फैला देंगे
कि वे जीत गए
लेकिन फिर भी हारेंगे

जीतेंगे हम ही
क्योंकि हम सच हैं
हमारी बेबसी भी सच है
हमारी हैरानी भी सच है
हमारा छटपटाकर चुप हो जाना भी सच है
हमारी चोट से फूटा आर्तनाद भी सच है
हमारे घाव से निकला लहू भी सच है

हमारी आँख से टपका आँसू भी सच है
हमारे माथे से निकली लपट भी सच है
हमारा हार जाना भी सच है
और हारकर जीतने के लिए
वापस खड़े होना भी सच है।

बोधिसत्व

अक्सर !

अक्सर
मुझे लगता है
जो हारा हुआ आदमी है
वह मैं ही हूं
वह जो भीड़ के बाहर कहीं छूट कर
भटक गया है
वह थका आदमी मैं ही हूं
वह जिसे एक निर्दय भीड़ पीट रही है
वह मारा जा रहा आदमी मैं ही हूं।

वह स्त्री जिसे उसके ही आंगन में
जीवित जलाया जा रहा है वह भी मैं ही हूं
वह लड़की जिसके शव को
तेल छिड़क कर
रात की चिता में सुलगाया जा रहा है
वह मैं ही हूं !

हर रुलाई मेरी है मेरी है हर चीख
हर टूटी पसली कटा हुआ शीश
पीठ पर रस्सी से बंधे हाथ

हर झुकाया हुआ लज्जित माथ
मेरा ही है!

हर रोती आंख मेरी है
हर जलता घर मेरा है

अक्सर मुझे लगता है
घोसला बनाती चिड़िया
और खूंटे पर बंधी व्यथित गाय मैं ही हूं!

अक्सर मुझे लगता है
और मैं वेदना व्यथा से घिर जाता हूं
और अनेक बार अपनी ही दृष्टि में
गिर जाता हूं!

आवश्यक नहीं

किसी को गाय ले जाते हुए भी मारा जा सकता है
और कपड़े की नाप लेते हुए भी काटा जा सकता है
हत्यारों ने हत्या को एक पर्व बना दिया है!

मुश्किल यह है कि
अब हत्या को हत्या कहना हत्यारे और
उसके कर्म का अपमान है
हो सकता है ऐसा कहने पर माफी मांगनी पड़े
हत्यारे से
या अदालत कहे कि इस कथन से
हत्यारे को ठेस पहुंची है!
आदमी बोलने से अधिक
बोलने के अभिप्राय से डरा हुआ है!
जो चुप है आवश्यक नहीं कि वो मरा हुआ है!

मस्जिदों से एक अपील!

ओ भारत की मस्जिदों
तुम स्टेशनों से हट कर कहीं चली जाओ
आखिर तुमको कहीं जाना नहीं है तो स्टेशनों पर क्यों खड़ी हो?

लोग स्टेशन आते हैं तो
ऐसा लगता है मस्जिद आए हैं।

मैं बांद्रा आता हूं तो लगता है
मस्जिद आया हूं!
तुम्हारी जगह मंदिर होते तो यह डर न होता!

लोगों के लिए सुविधा होती
दर्शन करके यात्रा आरंभ करते!
जैसे दादर स्वामी नारायण का मंदिर है
वहां भीड़ लगे तो अच्छा लगता है!

भीड़ केवल मस्जिद के सामने डराती है
भीड़ केवल शाहीन बाग में डराती है!
भीड़ केवल जमात की डराती है!

बाकी सब जगह की भीड़ ठीक है!

अभी तुम कहीं और चली जाओ!
स्टेशनों से हट जाओ
रास्तों से हट जाओ
चौराहों से हट जाओ

बस अड्डों से हट जाओ
हवाई अड्डों से हट जाओ
ओ मस्जिदों!

तुम कहीं छिप जाओ!
समेट लो खुद को!
तुम दिखती क्यों हो
तुम्हारी मीनारें भी दूर से दिख जाती हैं!
और अज़ान कितनी दूर तक सुनाई देती है

सबको छिपा लो
चुप हो जाओ
और कहीं चली जाओ!

ताजिए की लकड़ी मैं!

हमारे बाग से कट कर गई
ताजिए की लकड़ी हूं।

ताजिए में जुड़ कर इस्लाम हो गया मैं
मेरी कहानी मुहम्मद साहब के नवासों से गुथ गई
हसन हुसैन मेरे हो गए
मैं उनका हो गया
रात की रात मैं ताजिया हो गया।

वैसे बहुत दूर है मक्का मदीना
बहुत दूर है आमना का आंगन
वो चरवाहों की बस्ती
वो पानी के लिए हुआ खून खच्चर
वो सलीबें धूप में सूखती लाशें
हसन हुसैन के बाग में पता नहीं
महुए के बिरिछ होते हैं कि नहीं!

पहले मैं एक पंडित का पेड़ था
एक पंडित के बाग में
पंडित को देता फूल फल पत्ते छाया!

अब जब पुराना हो जाएगा ताजिया
सब चमकदार नक्काशियां जब उतर जाएंगी
एक ढांचा भर रह जाएगा ताजिया

मैं ताजिए से फिर काठ हो जाऊंगा

फिर पता नहीं कहां जाऊंगा

कितनी प्रतीक्षा करनी होगी
कहीं और जुड़ने जुड़ाने में

पंडित के बाग के सब पेड़ अब भी पंडित हैं
सारे फल सारे फूल सारे पात
सारी जड़ें
सब पेड़ों की परछाइयां भी
मैं भी पंडित हूं
ताजिए में जुड़ा पंडित का पेड़ हूं
जो हसन हुसैन के आंगन की छाया है अब!
भदोही के एक गांव में।

फिर मैंने पाया हमारे
पंडित जी ने ताजिया उठाया जिनका मैं पेड़ था
उन्होंने मुझे कांधा लगाया
करबला पहुंचाया
हसन हुसैन की याद में आंसू बहाया
भदोही के एक गांव में
ताजिया हमारे बाग की बगल से गुजरा
कुछ दूसरे पेड़ों की छाया में सुस्ताए
ताजिए दार
और बाग के बगल वाले करबला में मुकाम पाया

कई बार सोचता हूं तो रुंध जाता है गला
मन धुआं धुआं हो उठता है कि

अगर मैं कभी गलती से भी जला

तो पंडित का पेड़ जलेगा या ताजिया की लकड़ी?

निधीश त्यागी

चलो ! जन गण मन गा के सुनाओ !

दंगे में घायल पड़े
खून सने अधमरे
नौजवान पर
दिल्ली पुलिस का सिपाही
लाठी चलाता है

कहता है
चलो ! जन गण मन गा के सुनाओ !

अपने मोबाइल पर ये वीडियो देखता हूँ..
फ़ेसबुक, व्हाट्स एप, ट्विटर पर
सब तरफ़ यही वीडियो है
पूरा देश देखता है ये वीडियो
जिसमें १४० करोड़ लोग रहते हैं
पूरा देश बार बार ये वीडियो देखता है

हर बार गाने की वही फ़रमाइश
अधमरे नौजवानों की कराह
गिरती हुई तंत्र की लाठी

प्रजा के ज़ख़्मी जिस्म पर

चलो ! जन गण मन गा के सुनाओ !
एक एक फ़ॉरवर्ड पर
एक एक मोबाइल पर
एक एक सोशल मीडिया एप पर

वह दम तोड़ने से पहले गाता है
बिसूरता हुआ
जन गण मन

और हर बार जब ऐसा होता है
मैं शामिल होता जाता हूँ
इस शिकारी
इस आदमखोर जघन्यता में
आखेट की राष्ट्रीय क्रीड़ा में
हर बार लाठी उठती है
हर बार लाठी गिरती है
हर बार कराह उठती है

जन पर
गण पर
मन पर

तुम कैसे कहोगे
अब जन गण मन

मैं कैसे कहूँगा
अब जन गण मन

हर बार कोई भर देगा
मुँह में रेत

उस पुलिस वाले और दम तोड़ने
से जरा पहले
जन गण मन गाते हुए
उस नौजवान का वीडियो

सोचते हुए
मैं टैगोर के साथ
उदास चुप्पियों
में लौट जाऊँगा

छापा

गद्दे के नीचे दबी हुई पॉलीथीन की पन्नी भी
फड़फड़ाएगी चलते हुए पंखे के नीचे
जब वे मेरे कमरे में घुस आएँगे
और सब उलट पलट देंगे
अलमारियों में रखे बेतरतीब सामान को
फ़र्श पर बेतरतीबी से फैला देंगे

मेरे और परिवार के
अंडर गारमेंट्स पर निगाह डालेंगे
इस फैलारे में सिमट जाएगा
मेरा संसार
उनके सुराग की तलाश

हमें भी आश्चर्य होगा इतना सामान इकट्ठा हो रखा है
घर में इतने सालों से

अपने ही घर में
फुसफुसाकर बात करेंगे . . .

वे सीधे मेरे व्हाट्सएप में घुस आएँगे
और मेरे बहुत सारे मज़ाक़
गंभीरता से लेंगे
मेरी गंभीरताओं को मज़ाक़ से
कुछ व्यक्तियों के ख़िलाफ़ लिखे गये
मेरे कुटिल वाक्यों को

देश के ख़िलाफ़ साज़िश की तरह देखेंगे

दिवंगत माँ की तस्वीर देखेंगे
परिवार का अलबम पलटेंगे
ईमेल से पहले आई चिट्ठियों के
पीले पड़ते पन्नों और कुतरे कोनों को
उन तस्वीरों को जब बाल थे मेरे सर पर
और बेटी गोद में थी
हम कहीं बर्फ़ के बीच
झूले पर थे . . .

वे दराज़ों से फ़ाइलें निकालेंगे
और कंप्यूटर से बैंक स्टेटमेंट

मेरी ईमेल देखेंगे . . .
मोबाइल का पासवर्ड रखेंगे
मेरे गुप्त रहस्यों तक पहुँचने की
कोशिश करेंगे
सीलबंद घर की बालकनी तक जाने देंगे
सिगरेट पीने

काम करने वाली को उल्टे पाँव लौटा दिया जाएगा
मुहल्ले का धोबी बाहर से ही झांक कर लौट जाएगा
पड़ोसी कुछ ऐसे होंगे जैसे उन्हें कुछ नहीं पड़ी
कुछ आरडब्ल्यूए के व्हाट्सएप ग्रुप में खुसुर पुसुर होगी
बग़ल के पार्क में बैठे कुछ बूढ़े
आश्चर्य करेंगे

कुछ हम पर
कुछ ज़माने और वक़्त पर

जो सरकार के पास पहले से है
वह इनकम टैक्स रिटर्न फिर से माँगेंगे
वे निजी नौकरियों की तनख्वाहें देखकर
आश्चर्य से सोचेंगे, कहेंगे नहीं . . .
इसका क्या मतलब है, वह पूछेंगे
कोई एक संदेश दिखा कर

एक ही सवाल को वो बदल बदल कर
बार बार पूछेंगे
वे हमारे पासवर्ड माँगेंगे
घुड़कियाँ देंगे
मेरे ही बारे में सस्पेंस
बनाएँगे मुझसे
मुझसे तीन माह से तीन साल के बीच
हुई बातचीतों को याद करने को कहेंगे
हिसाब माँगेंगे
मेरे लेनदेन

वे बच्चों के कमरों में
जाकर उनके रिपोर्ट कार्ड
और मेडिकल रिकॉर्ड देखेंगे
और अपने बच्चों के बारे में
सोचने से बचेंगे . . .

वे बाथरूम का फ़्लश
ठीक से इस्तेमाल नहीं करेंगे
पानी पियेंगे
खाना खाएंगे

बीच बीच में
फ़ोन पर किसी को बताएँगे
क्या चल रहा है यहाँ..
और उनकी आवाज़ बदल जाएगी
बताते वक़्त और उसके बाद भी . . .

पूरा दिन ड्यूटी पर इस तरह बीतेगा . . .
कहीं वे एकदम से कड़क हो जाएँगे
कहीं थक कर जम्हाइयाँ ले लेंगे
पसर जाएँगे सोफ़े पर
शत्रु की तरह बरताव करने लगेंगे
कई बार बताने लगेंगे नौकरी के निभाव को
आप तो सब जानते हैं . . . वाले भाव में . . .
कई बार दुनियादारी वाली बातें करेंगे
कहीं अपनत्व का अधिकार दिखाएँगे
कहीं अफ़सरी की ठसक
मेरे बेवकूफ, शातिर, अव्यावहारिक होने के
भाव उतराते रहेंगे उनके चेहरे पर
जहां क़ानून उनके साथ न होगा
धौंस से काम चलाएँगे

मेरी दवाओं को देखेंगे

बीच बीच में निस्पृह भाव लाने की कोशिश करते करते
बीच बीच में उनकी कातर मध्यवर्गीय मनुष्यता
उघड़ आएगी
जब भी उनमें से किसी एक की पत्नी का
फ़ोन आ जाएगा वाशिंग मशीन के ख़राब होने के बारे में
या जमा होने से रह गई स्कूल की फ़ीस

कई लोग मेरे बंद नंबर पर
फ़ोन कर रहे होंगे
बाहर ख़बर फैल रही होगी
अनुमानित निष्कर्षों के बीच
हर तरह के
निजी को सार्वजनिक करती हुई

मेरे रिश्तों के बारे में पूछेंगे

रैक में रखी किताबें निकालेंगे
सब पढ़ लीं हैं आपने, कहेंगे
किसी एक के बीच से
निकलकर गिर पड़ेगा
एक सूखा हुआ पत्ता

जो मैं लेकर आया था
बोधगया के उस पेड़ से

और भूल गया था।

मेरी इस राहत को वह समझ नहीं पाएँगे।

भाड़े के नये हत्यारे

(तुम क्या कर रहे थे जब

सब जयजयकार कर रहे थे?

– श्रीकांत वर्मा)

मेक अप उतारने के बाद
एंकर घर लौटता है
अपने बच्चों से होम वर्क के बारे में पूछता है
बीवियों से प्यार करता है
दांत में फंसे हुए मांस के टुकड़े
को टूथपिक से निकालता हुआ
ख़ुद पर गदगद होता है
सोने से पहले अगली शाम
की तिकड़म में लग जाता है

उसके सपने अच्छे या ख़राब
टीआरपी से तय होते हैं।

इस सबके बीच
कभी वह इंक्रीमेंट के लिए रिरियाएगा अपने बनिये से
कभी पता करेगा बचे हुए ईएमआई का
बैंक वाले से

शाम को कुत्ते सड़क पर भौंकना बंद कर देते हैं
जब प्राइम टाइम शुरू होता है
रोज़ एक हांका लगता है
रोज़ एक नूरा कुश्ती

रोज़ एक नई सनसनी
रोज़ एक नई कांव कांव
एक नई अशांति
नये झूठों का नया ढेर
उछाल दिया जाता है
देश की तरफ़

देश देख रहा है
सम्मोहित होकर
उन टुच्चे प्रसंगों को
जो देश के एंकर उठा उठा कर पटक रहे हैं
देश के ठस दिमाग़ पर
हर आधे घंटे में एक नया
शिगूफा उछाल दिया जाएगा

वे नेशनल जियोग्राफिक पर दौड़ते
शिकारी जानवरों की तरह पीछा करवाएँगे
लोगों का अपनी ओबी वैन पर टंगे
विदूषक रिपोर्टरों के साथ
नगाड़े बजाएँगे
वे उकसाएँगे लोगों को हिंसा के लिए
उत्तेजना, आवेश में लाकर।

वे अपराधियों को संत
और नागरिक को अपराधी
देखते - देखते बना देंगे
जर्जर अदालतों से पहले कूदकर

फ़ैसले सुना देंगे
रोज़ मजमा लगाएँगे
रोज़ बिसात बिछाएँगे
जिसमें सच की ही होगी
शह और मात हर बार

वे रौशनी के ख़िलाफ़ शोर का हमला बोलते रहेंगे
जहां से समाचार बहिष्कृत हैं सच भी, देश भी
जो एकता कपूर से भी ज़्यादा रोचक है रोमांचक भी
अलार्म की जगह भोंपू बजाएँगे
झूठ के ज़रिये नफ़रत फैलाएंगे
नफ़रत के ज़रिये झूठ
वे किसी एक को ही बोलने देंगे
वे किसी दूसरे को चुप करा देंगे
वे बाँटते चले जाएँगे अन्य को इत्यादि से

महान बहुरूपिये के बारे में चूँ भी नहीं बोलेंगे
सैल्फी खिंचवाएँगे जिसके साथ
गिरे पड़े जा रहे होंगे
चकित चमत्कृत चम्पुओं के झुंड
में शामिल होने

बिखरते हुए लोकतंत्र का उखड़ा हुआ चौथा खम्बा
कुछ इस तरह तय करेगा
नवसाक्षर आबादी का मध्यवर्गीय विमर्श

हम में से ही निकल

वे भेड़िये हो जाएँगे
जिनके मसूड़ों से बह रहा है
मनुष्यता का मवाद
उन्हें खून लग चुका है
आदमखोर प्रवृत्ति का

दूर डिब्रूगढ़ में उसके पिता
उसका शो देखेंगे
और सुबह की सैर पर
देखेंगे मुहल्ले को उनसे
रश्क करते।

एक दिन उनका मेकअप
नहीं उतर पाएगा
और बीवी बच्चे पिता बहन
पहचानने से मना कर देंगे
उनकी क्रूर शक्ल।

उस दिन उनके कुत्ते
उन्हीं पर भौंकेंगे

उन्हें कैसे समझ आएगा
ये कैसे हो गया।

फ़रीद ख़ाँ

रोहित वेमुला की मुस्कान

मैंने तस्वीर हटानी चाही कई बार रोहित वेमुला की अपनी दीवार से।
लेकिन हिम्मत नहीं कर पाया उसकी ओर हाथ बढ़ाने की।
हर बार लगता है यह बेईमानी होगी।

वह लेखक बनना चाहता था, उम्र में मुझसे छोटा भी था।
मैं पेशेवर लेखक हूँ, उम्र में उससे बड़ा हूँ।
प्रतिस्पर्धा के भय में जीता हूँ।
और वह निर्भय हो कर मुस्कुराता था।

आख़िर नियम के विरुद्ध वह कैसे मुस्कुराता था,
जबकि एक लेखक के रूप में हमने उसे सिर्फ़ एक सुसाइड नोट ही लिखने का मौका दिया।

अपने सुसाइड नोट में उसने रची पहली बार एकलव्य की महाभारत।
जो सीधे गिरी जाकर व्यास के रास्ते पर और व्यास चुप हैं।
मनु के कमरे में दरवाज़े से कोई सरका गया और मनु स्तब्ध हैं।
हस्तिनापुर अपनी बौखलाहट में पूछ बैठता है –
दलित तो बहुत से हैं, हर कोई आत्महत्या तो नहीं करता?
वह फिर भी मुस्कुराता रहता है अपनी तस्वीर में और हमारी झुंझलाहट बढ़ाता है।

दलित बहुत सारे हैं। उन्हें आत्महत्या का मौका भी नहीं मिलता।

वे सपना देखने के पहले ही मार दिए जाते हैं।

और जो सपना देखने की हिम्मत जुटाते हैं उन्हें पूरी तैयारी से मार दिया जाता है।

फाँसी के फंदे मज़बूत होने चाहिए, यह निश्चित किया जाता है।

उसकी मुस्कुराती आँखें किसी पर उंगली नहीं उठातीं,

पर हमारे लिए और कोई विकल्प भी नहीं छोड़तीं।

हम या तो उसकी आँखों का सामना करें।

या उसको मुस्कुराता छोड़ कर सामने से हट जाएँ।

हम तो संभवतः मारे ही जाएंगे

हम तो मारे ही जाएंगे
पर यह कोई बहुत बड़ा नुकसान नहीं होगा इस देश का।
बड़ा नुकसान होगा
हमको मारे जाते हुए देख कर भी ज़िंदा रहना
वह भी इसलिए कि ज़िंदा लोगों की पहचान
हत्यारों की पहचान से मेल खाती है
और इसलिए भी कि उन हत्यारों की पहचान
से अपनी पहचान के मिलने पर
ज़िंदा लोगों में सुरक्षा का अहसास भी होता है।

जैसे आर्मेनिया के ईसाईयों को
मारे जाते हुए देख कर भी लोग ज़िंदा रहे
जैसे योरप में यहूदियों को
मारे जाते हुए देख कर भी लोग ज़िंदा रहे
और अब फ़िलिस्तीनियों को मारे जाते हुए
देख कर सभी ज़िंदा ही हैं
और ज़िंदा लोग चाँद पर भी जा रहे हैं।

जैसे सिखों को मारे जाते हुए
देख कर भी लोग ज़िंदा रहे
जैसे कश्मीर में पंडितों को मारे जाते हुए
देख कर भी लोग ज़िंदा रहे
जैसे गुजरात नरसंहार देख कर भी लोग ज़िंदा रहे
जैसे लक्ष्मणपुर बाथे में मुसहरों को
मारे जाते हुए देख कर भी लोग ज़िंदा रहे।
उन ज़िंदा लोगों ने न तो अपने घोषणापत्र बदले

न कभी अपने राजनीतिक उद्देश्य और
सेंसेक्स भी चढ़ता रहा निरंतर ऊपर।

जैसे महात्मा गांधी या अहसान जाफ़री को
मारे जाते हुए देख कर भी लोग ज़िंदा रहे।
जैसे रूप कंवर या ग्राहम स्टेंस को
ज़िंदा जलते हुए देख कर भी लोग ज़िंदा रहे।
वैसे ही हम तो मारे ही जाएंगे
और हमें भी मारे जाते हुए देख कर
लोग ज़िंदा ही रहेंगे।
हम मारे ही जाएंगे इसलिए
कि मारने वाले लोगों में
नरसंहार के बाद ही चैन से सोने का चलन है।
पर यह भी कोई बहुत बड़ा नुकसान नहीं है।
बड़ा नुकसान यह है कि बिना हमारे संहार के
ज़िंदा बचे लोगों में गर्व का संचार नहीं होगा।
पर उससे भी बड़ा नुकसान है
मारे गए लोगों के अहसान पर ज़िंदा रहना
और उससे भी बड़ा नुकसान है
कि जब जब ज़िंदा लोग त्यौहार मनाएंगे,
एक आतंक से सिहर उठेंगे भीतर से ज़िंदा बचे लोग
और बोल भी नहीं पाएंगे
कि डर के मारे उनके रोंगटे खड़े हो रहे हैं
और रक्त का चाप बढ़ रहा है
और बोल नहीं पाने की दशा में
वो ज़ोर ज़ोर से नारे लगाएंगे और झंडे फहराएंगे
और अपनी तरह अपने बच्चों को भी डराएंगे

और सबसे बड़ा नुकसान यह भी होगा
कि वो डरे हुए बच्चे
रात रात भर पहरा देंगे
मरे हुए लोगों को उठ उठ कर
अपनी ओर आता हुआ देख कर
और अंततः एक बड़ा नुकसान यह भी होगा
कि वे बच्चे संदेह में रहेंगे हमेशा
कि जिंदा लोगों में छिप कर रहते हैं मारे गए लोग।

उमर ख़ालिद : नागरिक अधिकारों का सेनानी

मुझे काल कोठरी में डालने के पहले
मुझ से पूछा गया था
कि मुझे कैसी जगह पर घुटन होती है।
मैंने बताया था कि मुझे अँधेरे में डर लगता है।
मुझे चिड़ियों और जानवरों की आवाज़ों के बिना
सबसे ज़्यादा अकेलापन महसूस होता है।

मुझ पर आरोप लगाने के पहले
इस बात का ख़ास ध्यान रखा गया
कि उनमें से किसी भी आरोप से मेरा
दूर दूर तक का भी कोई वास्ता न हो।

वे बना सकते थे कोई न कोई सुबूत हालांकि
खड़े कर सकते थे एक दो गवाह
मेरे ख़िलाफ़, लेकिन उन्होंने ऐसा नहीं किया।
वे फंसाना नहीं चाहते थे मुझे।
वे कुचलना चाहते थे,
मेरे जैसे तमाम ज़िंदा लोगों को।

उमाशंकर चौधरी

और इस तरह यह समय

हम रह रहे हैं एक ख़तरनाक समय में
इस एक वाक्य को मैं लिखता हूं जितनी बार
यह वाक्य होता जाता है उतनी बार और भी ख़तरनाक
और मैं हो जाता हूं उतनी ही बार
और भी सशंकित
और इस समय के पैबंद को दुरुस्त करने
बिलों से निकलने लगते हैं ढेर सारे बुलबुले

प्रधानमंत्री अपने प्रशंसकों के बीच
बजाते हैं बांसुरी
लेकिन इस ख़तरनाक समय में नहीं निकलती है
उससे कोई मधुर आवाज़
प्रधानमंत्री इस ख़तरनाक समय पर करने लगते हैं चिंता
और यह समय होता जाता है और भी ख़तरनाक

मैं जितनी बार लिखता हूं यह वाक्य
उतनी बार भीड़ में कर लिया जाता हूं चिह्नित
उतनी बार मेरी तरफ़ बढ़ने लगते हैं हाथ
उतनी बार पेड़ से झड़ जाते हैं ढेर सारे पत्ते

मैं लिखता हूं समय को ख़तरनाक
और लोगों की भीड़ पीटने लगती है मेरा दरवाज़ा
मां की गोद में दुबक जाती है तीन साल की मेरी बेटी
भाप बनकर उड़ने लगती है कच्चे पत्तों पर
सुबह सुबह गिरी हुईं ओस की बूंदें
मेरे सामने खड़ा हो जाता है
सरकार का एक नुमांइदा, एक वरिष्ठ मंत्री और एक दिन
ख़ुद इस देश का प्रधानमंत्री

मुझसे पूछा जाता है मेरा नाम
मेरा रंग, मेरी पहचान
मेरी भाषा, मेरी आत्मा और मेरा उसूल
और इस तरह यह समय
मेरे लिखने न लिखने से परे और भी हो जाता है ख़तरनाक।

लेकिन तब भी

जब चारों तरफ़ हो रही थी हत्याएं
तब वे चुप थे
जब बन्दूकों की नोक के ठीक सामने
रख दिए गए थे चिड़ियों के कोमल दिल
जब बारूद की सुरंग पर रख दी गयी थी बच्चों की किलकारियां
तब साध ली गई थी चुप्पी

वे बोलते तो पहचाने जाते
पहचान ली जाती उनकी हंसी
उनका अट्टहास??

उनका बड़बोलापन
पहचान ली जाती उनकी आत्मा
उनका रंग

जब सारे लोगों ने उम्मीद के साथ
टिका रखी थी उस कुर्सी के सामने निगाहें
तब वहां एक सन्नाटा था
तब सो रहे थे प्रधानमंत्री

सो रहे थे प्रधानमंत्री और लोग
ठीक उसी वक़्त अपनी उंगलियों पर
उस निशान को ढूंढ़ने की कर रहे थे कोशिश
जो मिटाये नहीं मिट रहा था अब
तमाम प्रयासों के बावजूद

चारों तरफ़ हो रही थीं हत्यायें
और प्रधानमंत्री चुप थे

जब चिताएं शांत हो जाएंगीं
आततायी लौट जायेंगे अपने घर
विरोध में उठने वाली आवाज़ों को कर दिया जायेगा दरकिनार
बहुत से निर्दोष साबित कर दिये गए होंगे कसूरवार
तब उठेंगे प्रधानमंत्री अपनी नींद से

प्रधानमंत्री उठेंगे अपनी नींद से
और बजायेंगे इस देश के लिए नगाड़ा
नगाड़े की इस आवाज़ से सहम जाएंगे पक्षी
यह आकाश, बादल, पेड़, पौधे
बच्चे बंद कर देंगे खेलना
लेकिन तब भी कहीं न कहीं सुलग रही होगी कोई आग
तब भी जंगल में चमक रही होंगी
भेड़िये की दो आंखें।

लौटना

सच के लिए मैंने टेलीविजन देखना चाहा
परन्तु वहां अंधेरा था
आज के अख़बार के सारे पन्ने भी कोरे थे
आसपास प्रधानमंत्री की भी कोई आवाज़ नहीं थी
सच के लिए मैं बच्चों के पास गया
बच्चे गुलेल चलाना सीख रहे थे
कुत्ते गहरी नींद में थे उनके मुंह पर मक्खियां थीं

इस लोकतंत्र में सच जानना मेरा मौलिक अधिकार है
यह सोच मैं प्रधानमंत्री के दफ़्तर तक गया
वहां प्रधानमंत्री नहीं थे
प्रधानमंत्री के दफ़्तर में मेरी जिज्ञासा को रख लिया गया
बाहर पेड़ों से पत्तियां झड़ी हुई थीं
वहां ढेर सारी बत्तियां थीं
सभी जल रही थीं और सभी में रोशनी थी

सामने भीड़ थी उस भीड़ में बहुत शांति थी
सभी लोग आसमान की तरफ़ ताक रहे थे
पेड़ पर चिड़िया अलसायी हुई थी
पौधे ज़मीन से अपना भोजन खींच रहे थे
जिसकी बहुत मद्धम परन्तु बहुत ही मधुर सी आवाज
उस फ़िज़ा में घुली हुई थी

किसान जो अपने अपने खेतों में अपनी फसल नष्ट कर रहे थे
उन खेतों की आड़ पर खड़े होकर उन्हें देखना
इस लोकतंत्र का सबसे भयानक अनुभव था

उस खेत में एक बिजूका था जो खेत में अब भी खड़ा था
उस पर पक्षियों की बीट थी
मैं वहां से लौटा और सूरज पश्चिम की तरफ ढल गया।

पूनम वासम

घूमता है बस्तर भी

पृथ्वी घूमती है अपनी धुरी पर
कि पृथ्वी का घूमना तय क्रम है
अन्धेरे के बाद उजाले के लिए

कि घूमती है पृथ्वी तो घूमता है
संग-संग बस्तर भी
पृथ्वी की धुरी पर!

पृथ्वी घूमती है अपनी धुरी पर तेज़ी से
कि घूमता है बस्तर भी उतनी ही तेज़ी से
इसकी-उसकी तिज़ोरी में
गणतन्त्र का उपहास उड़ाता,
काले धन की तरह
छिपता-छिपाता।

पहाड़ों की तलहटी और जंगलों की ओट से
जब भी झाँकता है,
दबोच लिया जाता है
किसी मेमने की तरह!

पृथ्वी घूमती है अपनी धुरी पर
कि घूमता है बस्तर भी
इसकी-उसकी कहानियों में
चापड़ा, लान्दा, सल्फ़ी, घोटुल, चित्रकूट के
बहते पानी में बनती इन्द्रधनुष की परछाइयों-सा
जब भी कोशिश की बस्तर ने
सूरज से सीधे साँठ-गाँठ की . . .
निचोड़कर सारा रस
तेन्दू, साल, बीज की टहनियों पर तब-तब
टाँग दिया गया बस्तर को सूखने के लिए!

पृथ्वी घूमती है अपनी धुरी पर
कि घूमता है बस्तर भी देश-विदेश में
उतनी ही तेज़ी से
किसी अजायबघर की तरह . . .
जिसे देखा, सुना और पढ़ा तो जा सकता है
किसी रोचक क़िस्से-कहानी में
बिना कुछ कहे निःशब्द होकर!

पृथ्वी घूमती है अपनी धुरी पर
कि घूमता है बस्तर भी
अपने सीने में छुपाए पक्षपात का ख़ूनी खँज़र!
न जाने वह कौन सी ओज़ोन परत है . . .
जिसने ढँक रखा है
बस्तर के हिस्से का
सारा उजला सबेरा?

सागौन

सागौन के वृक्ष बस्तर भूमि पर उग आए
दो मज़बूत हाथ हैं
जिनकी हथेलियों पर
लिखा भूमकाल का विद्रोह
धीरे-धीरे दम तोड़ रहा है।

सागौन की चौड़ी पत्तियाँ समेटना चाहती हैं
जल, जंगल, ज़मीन की दुनिया
अपने रेशों में
टहनियों में बान्धकर लाल मिर्च
बनाना चाहती हैं
डारामिरी सा कोई प्रतीक-चिह्न
चूस कर छोड़ दी गई हरियल छाती के लिए।

सागौन की मोटी जड़ें भीतर ही भीतर
जमा कर रही हैं दर्द का मवाद
गीली मिट्टी की नमी में
आँसू छुपाती सुबक रही जड़ें
अब लिखना चाहती हैं
उपेक्षा का एक पूरा का पूरा इतिहास।

सागौन के दोनों हाथ चाहते हैं एक बार फिर
शोषण के खिलाफ़ लामबन्द होना
एक बार फिर चाहते हैं
अपनी इस धरती पर

गुण्डाधुर जैसा
कोई नन्हा बीज बोना ।

वे लोग: तय है जिनका जंगल में खो जाना

एक

उनके लोकगीतों में प्रेम बारिश की तरह नहीं आता
उनकी रुचि
सियाड़ी के पत्तों पर पान रोटी पकाने से ज्यादा
बोड़ा का स्वाद चखने में है
जंगल की सूखी पत्तियों में आग लगाने के लिए
माचिस का इस्तेमाल नहीं करते
उनकी नसों में दारू की तरह दौड़ता है महुआ!
बावजूद उसके

देर रात लौटती हैं जंगल में खो चुके पुरखाओं की आत्माएं
कुछ गिनते हुए जोड़ते-घटाते वह भटक जाती हैं फिर से जंगल के अंधेरे सच की ओर

मर चुके कुनबे की गिनती का सच सुबह उतरता है बचे हुए कुनबे के चेहरे पर

वह थोड़ा और बासी हो जाते हैं
उनके हथियार अब पहले से कम हैं

जंगल की गोद में नारों की गूंज बढ़ती है ऐसे
जैसे जिबह से पहले निकलती है जानवर की आखिरी चीख

उनके झोला में भूख मिटाने के सामान के साथ
शामिल होती है दिमाग़ को दुरुस्त करने की ख़ुराक भी!

उनकी हथेलियां देर तक नहीं थकती चाकू की मूठ थामे

रोटियां तोड़ने से पहले वे लोग हड्डियां तोड़ते हैं

उनकी बंदूक की गोली निशाना लगाए बिना लौट कर नहीं आती
उनकी पीठ सुरक्षा कवच हैं उनके लिए
जिन्हें गणतंत्र दिवस के दिन दोनी भर बूंदी तक नसीब नहीं होती

ये कौन लोग हैं जिनकी भाषा के भीतर लिखा गया है विद्रोह का ककहरा
जिनकी उंगलियां हमेशा खड़ी रहती हैं
किसी प्रश्नचिह्न की मुद्रा में

दो

जहाँ महिलाएं दोनों हाथों में हथियार उठाये झाड़ती हैं
संविधान की पोथी पर पड़ी धूल
पूछती हैं भूख से बड़ी कोई विपदा का नाम

ट्रेन से कटकर मरी हुई आत्माएं कहाँ गईं
दर्द का बोझा उठा कर

रोटी की गोलाई नापते-नापते
जिनके पाँव के छाले फूट पड़े वे लोग अस्पताल का पता नहीं जानते

हज़ारों मील दूर
जिनके घरों में इंतज़ार की उम्मीद थामे बूढ़ी आँखें पत्थरा गईं
उन आँखों का पानी कहाँ उड़ गया?

ट्रकों के नीचे कुचले जिन अभागों की लाशों को अंतिम मुक्ति भी नसीब नहीं हुई

उनकी हत्या का मुकदमा कहाँ दर्ज होगा?

सात माह का पेट सम्भालते
अपने होने वाले बच्चे की सलामती के लिए
एक माँ की आह भरी पुकार को नकारने वाले ईश्वर के पास से लौटी हुई प्रार्थनाएं कहाँ अर्जी देंगी?

जमलो की मौत का तमाशा बनाने वाले सरकारी तंत्र
से उबकाये लोगों का जुलूस कहाँ गया!

वह जितनी बार जंगल के सबसे ऊंचे टीले से दोहराते हैं-
सुनो साहब!
राजा मर गया, लेकिन प्रजा की मौत अभी बाकी है।

जंगल की सीमा पर हर बार एक सरकारी बयान चस्पा होता है
कि जंगलवाद सबसे बड़ा ख़तरा है देश की आंतरिक सुरक्षा के लिए।

हर बार ऐसा उत्तर पाती एक सभ्यता घूरती है जंगल की देह
हड्डियों से बनी आँखों से!

उनकी आँखों में अब पानी नहीं उतरता।

कविता कादम्बरी

धार्मिक देश में अपराध नहीं होते हैं

1.

बलात्कारी का कलंक माथे पर लगाए सलाखों के पीछे ही मर गए कितने बेगुनाह
न जाने कितने विष्णुओं, बोदूओं और तौक़ीरों ने
अपनी उम्र से बड़ी क़ैद काटी
'बाइज़्ज़त' बरी होकर लौटे तो
बूढ़े पिताओं ने तालाब में कूदकर दे दी थी जान
माएँ विलपते हुए मर गईं
मानसिक संतुलन खोकर सालों से गुमशुदा थी बीबी
बेटे न्यूमोनिया के इलाज़ के बिना मर गए
और बेटियों को बहका ले गए दलाल कलकत्ता की गलियों में

2.

जो हत्या और बलात्कार के सिद्ध अपराधी थे
उन्होंने चंदन-त्रिपुंड की तरह उसे माथे पर धारण किया
गीता पर हाथ रखकर कसम खायी
और उनका जघन्यतम अपराध धार्मिक उपलब्धियों में तब्दील हो गया
उनके शिश्नों पर चढ़ाई गईं बड़ी-बड़ी मालाएं
बांटे गए नैवेद्य
शौर्य की गायी गईं गाथाएं
और शिश्नों की तस्वीरों को मढ़वाकर

पूजा घरों में रखा गया
कि बच्चे बड़ें हों तो
धर्म-अधर्म का फर्क़ कर सकें

3.
ऐसा ही होता है कि
बन्द पट्टी के आगे
चलते हैं कितने ही खेल
कितने ही खटकों की आवाज़ आती है
इत्मीनान से खोली जाती हैं हथकड़ियां
और फेंक दी जाती हैं तराजू के अपने वाले पलड़े पर
अब जेलों के टूटने की खबरें कहाँ आती हैं!
उनकी चाभियाँ
धर्म और धन पशुओं के चूतड़ों के नीचे से निकलती हैं
खुल जाते हैं सब द्वार
और कानून की देवी
अपने कपड़े संभालते हुए
भकुआई खड़ी रहती है

4.
जेलें जो अपराधियों से खाली रह गई हैं
इसका अर्थ यह भी तो हो सकता है
कि अपराधों में कमी आयी है
और यह भी कि जेलें अब अपराधियों से खाली हो
निरपराधियों से भर गयी हैं
और यह भी कि जेलें अब
दीन दयालुओं की सेवादारी का

अड्डा बन गईं हैं

जहां

मुफ्त में रोटी, कपड़े, छत और 'धर्म की शिक्षा' का इंतज़ाम किया जाता है

भूखों, नंगों और 'अधर्मियों' के लिए

आधा हिन्दू, आधा मुसलमान – 1

गाँव-गिरांव से दूर
इलाहाबाद में
जब भी ज़रूरत हुई भाई के साथ की
पापा के बगल में खड़े मिले
नन्हे मियाँ

जब भी पुलिसिया नौकरी के द्वंद्वों में उलझे
तो अच्छे मियाँ का हाथ रहा दोनों कंधों पर

पापा ने अनगिनत बार बताया कि
कैसे मन्नान मियाँ को उनके ही छोटे भाई ने गोली मारी
और अस्पताल में बिस्तर पर लेटे हुए भी उन्होंने पूछा कि 'छोटे भाई ने खाना खाया कि नहीं?'

बज्र सूखे में भी
इन्हीं बातों ने दिल की मिट्टी को नम रखा

मैं दो छोटे भाइयों की अकेली बड़ी बहन
बहनों के होने का करम समझ पाई उसी मेड़वारा गांव में
अज़रा दीदी,नग़मा दीदी,
इफ़्फ़त, राहत और फ़रहीन के साथ

सुर्ख़ा अमरूद के बगीचे में घूमते हुए
सबसे सुर्ख़-मीठे अमरूद मैंने ही खाये

मटर के खेतों की सबसे मीठी फलियां मेरे ही हिस्से रखी गईं

और बत्तखों के सबसे बड़े अंडे मेरी ही रकाबी में आए

गर्मी की रातों में आंगन में एक चारपाई पर घुस-घुसकर लेटे हुए
दुनिया जहान की बातें करते-करते
जुबानों पर जाने कब अदला-बदली हुई
'या अल्लाह' और 'भगवान कसम' की

घर पर सत्यनारायण की कथा का प्रसाद साथ-साथ बनाते
दाल-भात का कौर साझा करते हुए
हम एक दूसरे की माँस-मज्जा में घुलकर
आधे हिन्दू और आधे मुसलमान हुए

मेरे इंसान बनने का यही छोटा सा इतिहास है
शहर का नाम बदलने से
कैसे बदलेगा?

आधा हिन्दू,आधा मुसलमान – 2

गांव के दिनों को याद करते हुए
सोचती हूँ कि वह भी क्या दिन थे!

हिंदुओं के पूरे गांव के बीचों-बीच
बस एक मुसलमान परिवार
गुदरी चाचा और मैमून फुआ का

जिनके आंगन में खेलते हुए
हमारे फ्रॉक की झोलियाँ
भूंजे और देशी गुड़ से भर जाती थीं

उस आंगन से इस आंगन में खाते-खेलते
पूरे घर-आंगन में बिखर जाते थे बहुत दाने

जिसे बुहारते हुए माँ कहती थी
'आज घर भर में बिया छीटाइल ह देखिह जा बड़-बड़ गाँछ लहलहा जाई' (आज घर भर में बीज छीटे/बिखेरे गए हैं, देखना बड़े बड़े पेड़ लहलहा जाएँगे)

और माँ की बात कितनी सच थी!

आज भी जब टीवी पर 'धर्म' 'दंगा' 'हिन्दू' 'मुसलमान' 'खतरा' की चीख उठती है
जब कुछ लोग कहने लगते हैं
कि हमें एक-दूसरे से डरना चाहिए

वे ही दाने बीज बनकर उग आते हैं
घने दरख़्त बनकर छा जाते हैं सिर के ऊपर

जिनपर मुहब्बत की बुलबुलें घोसला बनाकर रहती हैं

और मेरे भीतर का आधा हिन्दू और आधा मुसलमान
एक दूसरे का हाथ
और भी प्रेम और आश्वस्ति से थाम लेते हैं।

विहाग वैभव

खुदाई

मस्जिद के नीचे मंदिर है
मंदिर के नीचे है बुद्ध की करुणा
उसके नीचे तुम पाओगे आस्था
सबसे नीचे मिलेगी तुम्हें मनुष्य होने की हार

वर्तमान की छाती पर गिरेगा जब पुरातन द्वेष का हथौड़ा
इतिहास की आत्मा काँप जाएगी
वहाँ मिलेंगी कुछ सड़ी-गली अस्थियाँ
राख, धूल, चाकू, भाले, बर्छियां
वहाँ तुम्हें एक बुढ़िया मिलेगी
कटे स्तनों का खून धूप में सुखाती हुई
और हम पर थूकती हुई-
क्या तुम सब कुछ भी नहीं सीख पाए?
क्या तुम्हारी घृणा के लिए
इतनी हत्याएँ, विफलताएँ और त्रासदियाँ काफी नहीं?

यह खुदाई जो शुरू हुई है
यह पाताल तक जा सकती है
किसी भय से नहीं
विध्वंस की निरर्थकता के विवेक से कहता हूँ

– इसे यहीं रोक दो

इसके पहले कि एक मलबे में दफ़्न हो जाए
पूरा का पूरा देश।

इस देश की नागरिकता की नई अर्हताएँ

अपनी आत्मा को ख़ूब सुखा दो पहले
फिर अपनी रीढ़ की हड्डी निकालकर सौंप आओ
हत्यारों, आततताइयों और धार्मिक उन्मादियों के हाथ

अपने मस्तिष्क में धर्म का धुआँ भर लो इस क़दर कि
तुम अपनी बेटियों, पत्नियों और माँओं के लिए
कुतिया, रंडी और छिनाल जैसे संबोधनों का समर्थन कर सको
और सोच सको कि
मेरा प्रधानमंत्री इसके समर्थन में है
तो अवश्य ही अपूर्व गौरव की बात है

अपने हृदय को
फूल से बच्चों की जली लाश की राख से लीप लो
कर लो बिल्कुल मृत्यु-सा काले रंग में
और इन बच्चों की हड्डियों में
वह रंग विशेष का झंडा लहराकर
पूरे हृदय से भारत माता को करो याद

अपने कानों में ठूँस लो हत्या समर्थन के सभी तर्क-पुराण
और उन गला सुजाकर रोती माँओं की चीख़ को
भजन या राष्ट्रगान की तरह सुनो
जिनके ईश्वर जैसे बच्चे
स्कूल और अस्पताल से नहीं लौटे आज की शाम

ज़ुबान को काटकर रख आओ सत्ता के पैरों पर
आँखों का पानी बेच आओ संप्रदाय की दुकान में

आने के पहले थोड़ा लाश हो जाओ
थोड़ा-थोड़ा हो जाओ पत्थर

फिर तो स्वागत है तुम्हारा इस देश में
एक देशभक्त और सम्मानित नागरिक की तरह।

अश्लील शांति से भरा है ये समय

लिजलिजी और अश्लील शांति से भरा है ये समय

शाइर, लेखक, विचारक, ज्ञानी-विज्ञानी
या तो चुप हैं या बघार रहे हैं
सबसे वीभत्स दुर्गंधयुक्त पीप भरा दर्शन

जिन मुसलमानों के लाल हत्या में गए
वे बचे हुए परिवार को बचाने में
ज़ुबान गिरा आए प्रशांत सागर में

जिन अछूतों के आशियाने फूँक डाले गए
वे बुझी राख पर बैठकर
किसी दिव्य सुबह का इंतज़ार कर रहे हैं

जिनकी फूल जैसी बच्चियों के गुप्तांगों में
ठूँसा गया सृष्टि का प्राचीनतम पत्थर
उनकी आवाज़ों की घिग्घियाँ अब तक नहीं खुली हैं

तनी हुई मुट्ठियाँ टूटी हुई हैं
खुली हुई ज़ुबान सिली हुई है

तो क्या इतने भर ही हैं ज़िंदा लोग?

कोई क्यों नहीं पूछता इस सरकार से
इन हत्याकांडों में तुम कैसे शामिल हो?
कोई क्यों नहीं पूछता कि

ख़ून के सबसे ताज़ा और बड़े धब्बे
देश के मुखिया के कुर्ते पर कैसे आए?

खेत में लहराता हुआ हल कहाँ गया
दरवाज़े की खनकती हुई किलकारी क्या हुई
आदिल मियाँ की टोपी का रंग लाल क्योंकर है
तिर्कियों के पहाड़ किसने चुराए

हज़ार हज़ार सवाल हैं
हज़ार हज़ार यातनाएँ
और एक मैं हूँ कि चीख़ता जा रहा हूँ

मगर मेरे साथियों की बेशरम चुप्पी
इस क़दर कि
इतनी लिजलिजी और अश्लील शांति से भरा है ये समय।

हत्या-पुरस्कार के लिए प्रेस-विज्ञप्ति

वे कि जिनकी आँखों में घृणा
समुद्र-सी फैली है अनंत नीली-काली

जिनके हृदय के गर्भ-गृह
विधर्मियों की चीख़
किसी राग की तरह सध रही है सदी के भोर ही से

सिर्फ़ और सिर्फ़ वही होंगे योग्य इस पुरस्कार के

जुलूस हो या शांति-मार्च
श्रद्धांजलि हो या प्रार्थना-सभा
जो कहीं भी, कभी भी
अपनी आत्मा को कुचलते हुए पहुँच जाए
उतार दे गर्दन में खंजर
दाग़ दे छाती पर गोली
इससे तनिक भी नहीं पड़े फ़र्क़
गर्दन आठ साल की बच्ची की थी
छाती अठहत्तर साल के साधु की थी

देश के ख्यात हत्यारे आएँ
अपना-अपना कौशल दिखाएँ
अलग-अलग प्रारूपों में भिन्न-भिन्न पुरस्कार पाएँ

मसलन
बच्चों की हत्या करें चिकित्साधिकारी बनें
स्त्रियों की हत्या करें, सुरक्षाधिकारी बनें

विधर्मियों की लाशें क़ब्रों से निकालें फिर हत्या करें
मुख्यमंत्री बनें
देश की छाती में धर्म का धुआँ भरकर देश की हत्या करें
प्रधानमंत्री बनें

इच्छुक अभ्यर्थी हत्या-पुरस्कार के लिए
निःशुल्क आवेदन करें और आश्वस्त रहें

पुरस्कार-निर्णय की प्रक्रिया में
बरती जाएगी पूरी लोकतांत्रिकता।

अदनान कफ़ील दरवेश

सन् 1992

जब मैं पैदा हुआ
अयोध्या में ढहाई जा चुकी थी एक क़दीम मुग़लिया मस्जिद
जिसका नाम बाबरी मस्जिद था

ये एक महान सदी के अंत की सबसे भयानक घटना थी
कहते हैं पहले मस्जिद का एक गुंबद
धम्म् की आवाज़ के साथ ज़मीन पर गिरा था
और फिर दूसरा और फिर तीसरा
और फिर गिरने का जैसे अनवरत क्रम ही शुरू हो गया

पहले कीचड़ में सूरज गिरा
और मस्जिद की नींव से उठता ग़ुबार
और काले धुएँ में लिपटा अंधकार
पूरे मुल्क पर छाता चला गया

फिर नाली में हाजी हश्मतुल्लाह की टोपी गिरी
सकीना के गर्भ से अजन्मा बच्चा गिरा
हाथ से धागे गिरे, रामनामी गमछे गिरे, खड़ाऊँ गिरे
बच्चों की पतंगें और खिलौने गिरे
बच्चों के मुलायम स्वप्नों से परियाँ चीख़ती हुई निकलकर भागीं

और दंतकथाओं और लोककथाओं के नायक चुपचाप निर्वासित हुए
एक के बाद एक

फिर गाँव के मचान गिरे
शहरों के आसमान गिरे
बम और बारूद गिरे
भाले और तलवारें गिरीं
गाँव का बूढ़ा बरगद गिरा

एक चिड़िया का कच्चा घोंसला गिरा
गाढ़ा गरम ख़ून गिरा
गंगा-जमुनी तहज़ीब गिरी
नेता-परेता गिरे, सियासत गिरी
और इस तरह एक के बाद एक नामालूम कितना कुछ
भरभरा कर गिरता ही चला गया

“जो गिरा था वो शायद एक इमारत से काफ़ी बड़ा था . . .”
कहते-कहते अब्बा की आवाज़ भर्राती है
और गला रुँधने लगता है

इस बार पासबाँ नहीं मिले काबे को सनमख़ाने से
और एक सदियों से मुसलसल खड़ी मस्जिद
देखते-देखते मलबे का ढेर बनती चली गई

जिन्हें नाज़ है हिंद पर
हाँ, उसी हिंद पर
जिसकी सरज़मीं से मीर-ए-अरब को ठंडी हवाएँ आती थीं

वे कहाँ हैं?

मैं उनसे पूछना चाहता हूँ
कि और कितने सालों तक गिरती रहेगी
ये नामुराद मस्जिद
जिसका नाम बाबरी मस्जिद है
और जो मेरे गाँव में नहीं
बल्कि दूर अयोध्या में है

मेरे मुल्क के रहबरों और ज़िंदा बाशिंदों बतलाओ मुझे
कि वो क्या चीज़ है जो इस मुल्क के हर मुसलमान के भीतर
एक ख़फ़ीफ़ आवाज़ में
न जाने कितने बरसों से
मुसलसल गिर रही है

जिसके ध्वंस की आवाज़
अब सिर्फ़ स्वप्न में ही सुनाई देती है!

मंज़िल वाया जयपुर बम्बई

मैं बदनसीब ख़ानदानी कारीगर
चूड़ियाँ बेचता था हज़ूर
फ़िलवक़्त मंदा पड़ चुका था काम
मुश्किल हो रही थी गुज़र-बसर
सो जयपुर से बम्बई जा रहा था
अपनी क़िस्मत आज़माने

अकूत मायूसियों का बोझ ढोती रेल
जब छील रही थी पटरियाँ
आपने पूछा था मेरा नाम
और हवा में लहराई थी पिस्तौल
मैं समझ चुका था आगे का हाल
अपनी निजात की राह
दरअस्ल क़ुसूर तो मेरी पैदाइश का ही था
आपका नहीं
क़त्ल!
वो कब हुआ ?
मैं ही आपके पिस्तौल की गोली को चूमते हुए
अचानक गिर पड़ा था फ़र्श पर औंधे मुँह

मंज़िल तक पहुँचाने के लिए आपका शुक्रिया।

सुनो!

ऐ मेरी रूह!
तुम हो अगर यहीं कहीं तो सुनो
इस लगातार होती अजीब खिटपिट को
जैसे कोई बढ़ई सुधार रहा हो
दरवाज़े की चूलें आधी रात

सुनो उन क़दमों की बाज़गश्त
जिनके कच्चे निशान
मेढ़ों में खो गए

ध्यान से सुनो किसी के घिसटने की आवाज़

सुनो फाटक की चुरमुर
और ज़ंजीरों की उठापटक
देर रात सिकड़ी का डोलना सुनो
ध्यान से सुनो ये चिटकने और भसकने की आवाज़

सुनो ये खुसफुस
ये अजीब-सी सरसराहट

सुनो ये गुदबुद-सी डूबने की आवाज़
सुनो सान चढ़ते हथियार की आवाज़
सुनो गर्म लोहे के ठण्डे पानी में उतरने की आवाज़

सुनो तुम्हें सुनना पड़ेगा
दूर जाते टापों की इस आवाज़ को

सुनो भयभीत नब्ज़ों में उतरने वाली सलाख़ों की ये आवाज़
सुनो किसी के दम घुटने की ये आवाज़
सुनो डूबते दिल की टूटती-सी आवाज़
सुनो ये किसी के सिहरने की आवाज़

सुनो उस आवाज़ को जो अब ख़ामोश हो गयी
सुनो उस आवाज़ को जो उठ भी नहीं पाती
सुनो उस आवाज़ को जो लहू में बजती है
सुनो इससे पहले कि छुप जाएँ ये सब आवाज़ें
किसी जुलूस के भीषण शोर में।

शर्मनाक समय

इस शर्मनाक समय में
कविताएँ भी लहूलुहान थीं
और भेज रही थीं कवियों पर
बेशुमार लानत . . .

वे इतनी विचलित थीं
कि मिटा देना चाहती थीं
अपने लिखने वालों के ही नाम . . .

परिचय

मंगलेश डबराल: (1948-2020) टिहरी गढ़वाल के काफलपानी गांव में जन्म। आजीविका के लिए पत्रकारिता। *पहाड़ पर लालटेन* , *घर का रास्ता* , *हम जो देखते हैं* , *आवाज़ भी एक जगह है* , *नए युग में शत्रु* , *घर का रास्ता* , *स्मृति एक दूसरा समय* है उनके कविता-संग्रह हैं। गद्य की भी कई पुस्तकें प्रकाशित। *हम जो देखते हैं* के लिए साहित्य अकादेमी पुरस्कार।

राजेश जोशी: 1946 में नरसिंहगढ़, मध्य प्रदेश में जन्म। *एक दिन बोलेंगे पेड़, मिट्टी का चेहरा, नेपथ्य में हँसी, दो पंक्तियों के बीच* और *ज़िद* उनके कविता-संग्रह हैं। दो कहानी संग्रह, कुछ नाटक और आलोचनात्मक टिप्पणियों के संकलन भी प्रकाशित। कुछ लघु फिल्मों के लिए पटकथा लेखन। *दो पंक्तियों के बीच* के लिए साहित्य अकादेमी पुरस्कार।

विष्णु नागर: 1950 में शाजापुर, मध्य प्रदेश में जन्म। *मैं फिर कहता हूँ चिड़िया, तालाब में डूबी छह लड़कियाँ* और *संसार बदल जाएगा* उनके प्रमुख कविता संग्रह हैं, जबकि *आख्यान, रात-दिन, बच्चा और गेंद* इनके प्रमुख कहानी संग्रह। व्यंग्य के अनेक संग्रह प्रकाशित। शमशेर सम्मान, मध्य प्रदेश सरकार का शिखर सम्मान, 'व्यंग्य श्री' सम्मान सहित अनेक पुरस्कारों से सम्मानित।

मनमोहन: 1953 में मथुरा, उत्तर प्रदेश में जन्म। जवाहरलाल नेहरू विश्वविद्यालय, दिल्ली से हिंदी में एम.ए. और हिंदी आलोचना के परम्परा-विमर्श के बारे में शोध कार्य। *जिल्लत की रोटी* उनका कविता संग्रह है। कविता के लिए वर्ष 2005 का शमशेर सम्मान। अध्यापन से जुड़े रहे। सामाजिक-सांस्कृतिक अभियानों में सक्रिय हिस्सेदारी।

असद ज़ैदी: 1954 में करौली, राजस्थान में जन्म। जवाहरलाल नेहरू विश्वविद्यालय से उच्च शिक्षा। *बहनें और अन्य कविताएँ, कविता का जीवन* और *सामान की तलाश* उनके कविता संग्रह हैं जबकि *जागना रोना* उपन्यास। कला तथा साहित्य-संबंधी आलोचनात्मक टिप्पणियां प्रकाशित। संस्कृति पुरस्कार से सम्मानित। पत्रकारिता, अनुवाद और प्रकाशन से जुड़ाव।

मदन कश्यप: 1954 में वैशाली, बिहार में जन्म। *लेकिन उदास है पृथ्वी, नीम रोशनी में, दूर तक*

चुप्पी, अपना ही देश, कुरुज और *पनसोखा है इन्द्रधनुष* उनके कविता संग्रह हैं। आलेखों के कुछ संकलन भी प्रकाशित। कविताएं अंग्रेजी और कई अन्य भाषाओं में अनूदित। शमशेर सम्मान, नागार्जुन पुरस्कार और बनारसी प्रसाद भोजपुरी सम्मान सहित अनेक पुरस्कार।

कुमार अंबुज: 1957 में गुना में जन्म। *किवाड़, क्रूरता, अनंतिम, अतिक्रमण, अमीरी रेखा* और *उपशीर्षक* उनके कविता संग्रह है जबकि *इच्छाएँ* और *मज़ाक़* कहानी संग्रह। विश्व सिनेमा पर टिप्पणियां प्रकाशित। भारत भूषण अग्रवाल स्मृति पुरस्कार, माखनलाल चतुर्वेदी पुरस्कार, श्रीकांत वर्मा पुरस्कार, केदार सम्मान और गिरिजा कुमार माथुर सम्मान सहित अनेक पुरस्कार।

कात्यायनी: 1959 में गोरखपुर, उत्तर प्रदेश में जन्म। गोरखपुर विश्वविद्यालय से एम(हिंदी) और एमफिल। *चेहरों पर आंच, सात भाइयों के बीच चम्पा, इस पौरुषपूर्ण समय में, सर्पदंश और अन्य कविताएं* उनके प्रमुख कविता संग्रह हैं। कुछ कहानी और निबध संग्रह भी प्रकाशित। राजकमल विश्व क्लासिक शृंखला का संपादन। कविता के लिए मंगलेश सम्मान।

विमल कुमार: 1960 में पटना, बिहार में जन्म। *एक औरत से बातचीत, यह मुखौटा किसका है* और *पानी का दुखड़ा* उनके प्रमुख कविता संग्रह हैं। उपन्यास, कहानी संग्रह, व्यंग्य और लेखों का संकलन भी प्रकाशित। आजीविका के लिए पत्रकारिता। भारतभूषण अग्रवाल पुरस्कार, प्रकाश जैन स्मृति पुरस्कार, शरद बिल्लौरे सम्मान समेत अनेक पुरस्कार।

पवन करण: 1964 में ग्वालियर, मध्य प्रदेश में जन्म। पीएचडी (हिंदी), जनसंचार एवं मानव संसाधन विकास में स्नातकोत्तर। *स्त्री मेरे भीतर, कहना नहीं आता, कोट के बाजू पर बटन, कल की थकान* और *स्त्रीशतक* (दो खण्डों में) उनके कविता संग्रह हैं। रामविलास शर्मा पुरस्कार, रजा पुरस्कार, वागीश्वरी सम्मान, परम्परा ऋतुराज सम्मान आदि अनेक पुरस्कार।

अरुण आदित्य: 1965 में प्रतापगढ़, उत्तर प्रदेश में जन्म। *रोज ही होता था यह सब* और *धरा का स्वप्न हरा है* उनके कविता संग्रह हैं, जबकि *उत्तर वनवास* उपन्यास। कविता के लिए दुष्यन्त पुरस्कार (मध्य प्रदेश साहित्य अकादमी), अभिनव शब्द शिल्पी सम्मान, बेकल उत्साही सम्मान और आयाम सम्मान। कविताएं पंजाबी मराठी और अंग्रेज़ी में अनूदित।

आर. चेतन क्रांति: 1968 में सहारनपुर, उत्तर प्रदेश के एक गांव में जन्म। मेरठ विश्वविद्यालय से स्नातकोत्तर। तीन कविता संग्रह *शोकनाच, वीरता पर विचलित* और *आत्मद्रोह* प्रकाशित। कविता के लिए भारतभूषण अग्रवाल स्मृति पुरस्कार, स्पन्दन पुरस्कार (भोपाल) और राजस्थान पत्रिका का वार्षिक पुरस्कार। संपादन और अनुवाद में संलग्नता।

बोधिसत्व: 1968 में भदोही, उत्तर प्रदेश के एक गांव में जन्म।*सिर्फ़ कवि नहीं, हम जो नदियों का संगम हैं, दुःखतंत्र, ख़त्म नहीं होती बात* और *अयोध्या में कालपुरुष* उनके कविता संग्रह हैं। भारतभूषण अग्रवाल पुरस्कार, संस्कृति अवार्ड, गिरिजाकुमार माथुर सम्मान, फ़िराक़ गोरखपुरी सम्मान समेत कई पुरस्कार। फिल्म और टीवी के लिए लेखन।

निधीश त्यागी: 1969 में जगदलपुर, छत्तीसगढ़ में जन्म। *कुछ नहीं: सब कुछ* उनका कविता संग्रह है, जबकि *तमन्ना तुम अब कहाँ हो* गद्य-कृति। युद्ध के दौरान लिखी गईं यूक्रेनी कविताओं और फ़िलिस्तीनी कविताओं का हिंदी में अनुवाद। पेशे से पत्रकार। कला केंद्रित ऑनलाइन अख़बार *अबीर पोथी* और हाइपरलोकल विंध्यफर्स्ट.कॉम के सह संस्थापक।

फ़रीद ख़ाँ: 1975 में पटना में जन्म। पटना विश्वविद्यालय से उर्दू साहित्य में एमए। लखनऊ के भारतेंदु नाट्य अकादमी से नाट्य कला में दो वर्षीय प्रशिक्षण। तीन किताबें प्रकाशित हैं- अपनों के बीच अजनबी (कथेतर गद्य) *गीली मिट्टी पर पंजों के निशान* (कविता संग्रह) *मास्टर शॉट* (कहानी संग्रह)। मुंबई में फ़िल्म और टीवी के लिए लेखन।

उमाशंकर चौधरी: 1978 में खगड़िया, बिहार में जन्म। चार कविता संग्रह, तीन कहानी संग्रह एक उपन्यास और आलोचना की कुछ किताबें प्रकाशित। रचनाएं अनेक भाषाओं में अनूदित। कुछ कविताएं पाठ्यक्रमों में शामिल। अंकुर मिश्र स्मृति पुरस्कार, रमाकांत स्मृति कहानी पुरस्कार, साहित्य अकादमी युवा सम्मान और भारतीय ज्ञानपीठ नवलेखन पुरस्कार।

पूनम वासम: 1980 में जगदलपुर, छत्तीसगढ़ में जन्म। एक कविता संग्रह *मछलियाँ गायेंगी एक दिन पंडुमगीत* प्रकाशित। समाजशास्त्र और अर्थशास्त्र में एमए। आत्मसमर्पित नक्सलियों पर शोधकार्य। कविता के लिए छत्तीसगढ़ प्रदेश हिंदी साहित्य सम्मेलन द्वारा पुनर्नवा पुरस्कार व अमर उजाला शब्द सम्मान से सम्मानित। बीजापुर में शासकीय शिक्षिका।

कविता कादम्बरी: 1984 में कैमूर, बिहार में जन्म। इलाहाबाद विश्वविद्यालय से स्नातक, बीएड और मध्यकालीन इतिहास विषय में परास्नातक। काशी हिंदू विश्वविद्यालय से एमएड व शिक्षाशास्त्र विषय में शोध। इलाहाबाद विश्वविद्यालय के शिक्षाशास्त्र विभाग में शिक्षणरत। एक कविता संग्रह *हम गुनहगार और बेशर्म औरतें* प्रकाशित।

विहाग वैभव: 1994 में, जौनपुर, उत्तर प्रदेश में जन्म। बनारस हिन्दू यूनिवर्सिटी से पीएचडी। कविता संग्रह *मोर्चे पर विदागीत* प्रकशित। पटना विश्वविद्यालय के हिन्दी परास्नातक के कोर्स में कविता सम्मिलित। मराठी, बांग्ला, असमिया और अंग्रेजी में कविताएँ अनूदित। भारत भूषण अग्रवाल

पुरस्कार और कलिंग लिटरेरी फेस्ट 2023 से सम्मानित।

अदनान कफ़ील दरवेश: 1994 में बलिया, उत्तर प्रदेश में जन्म। *ठिठुरते लैम्प पोस्ट और नीली बयाज़* उनके कविता संग्रह हैं। दिल्ली विश्विद्यालय से कंप्यूटर साइंस में स्नातक और जामिया मिल्लिया इस्लामिया से हिंदी साहित्य में परास्नातक और वहीं हिंदी साहित्य में शोधरत। कविता के लिए भारतभूषण अग्रवाल पुरस्कार। कविताएं अनेक भाषाओं में अनूदित।